世界胜地保护与重建书系
世界著名战场

康布雷（Cambrai，法国）战场的景象。回到过去，这片法国东北部的平静林地再度显现了1917年的景象，这也是历史上第一次大规模的坦克攻击

世界胜地保护与重建书系

世界著名战场

[英] 约翰·曼　蒂姆·纽瓦克　著

申祖烈　申江　蒋炜　译

中国建筑工业出版社

著作权合同登记图字：01－2003－2017号

图书在版编目（CIP）数据

世界著名战场／（英）约翰·曼，（英）蒂姆·纽瓦克著；申祖烈等译.—北京：中国建筑工业出版社，2003
（世界胜地保护与重建书系）
ISBN 7-112-05657-8

I.世… II.①约…②蒂…③申… III.战场-世界-普及读物
IV.E19-49

中国版本图书馆CIP数据核字（2003）第007020号

Copyright © 1997 Quarto Inc.
Translation Copyright © 2003 China Architecture & Building Press
All rights reserved. No part of this book may be reproduced or transmitted in any form or by any means. electronic or mechanical, including photocopying, recording, or by any information storage and retrieval system without prior permission from the Publisher.

Then & Now － Battlefields / John Man & Tim Newark

本书由Quarto Inc．出版公司正式授权我社翻译、出版、发行本书中文版

本套丛书策划：董苏华
责任编辑：董苏华

世界胜地保护与重建书系
世界著名战场
[英] 约翰·曼　蒂姆·纽瓦克　著
　　申祖烈　申江　蒋炜　译

中国建筑工业出版社出版、发行（北京西郊百万庄）
新华书店经销
洛德加印刷(番禺)有限公司
*
开本：787×1092毫米　1/12　印张：12
2003年8月第一版　2003年8月第一次印刷
定价：**108.00**元
ISBN 7-112-05657-8
K·12 (11296)

版权所有　翻印必究
如有印装质量问题，可寄本社退换
（邮政编码100037）
本社网址：http://www.china-abp.com.cn
网上书店：http://www.china-building.com.cn

目 录

导　言 6
高加米拉战役，公元前 331 年（西亚）........ 10
阿莱西亚战役，公元前 52 年（法国）......... 14
黑斯廷斯战役，1066 年（英国）.............. 22
君士坦丁堡攻坚战，1453 年（土耳其）...... 26
长筱之战，1575 年（日本）.................. 34
内斯比战役，1645 年（英格兰）.............. 38
滑铁卢战役，1815 年（比利时）.............. 42
阿拉莫守卫战，1836 年（墨西哥）........... 52

安蒂特姆防御战，1862 年（美国）........... 56
葛底斯堡战役，1863 年（美国）.............. 60
罗克浅滩之战，1879 年（南非）.............. 68
加利波利战役，1915 年（土耳其）........... 76
索姆河战役，1916 年（法国）................ 80
康布雷战役，1917 年（法国）................ 84
珍珠港之战，1941 年（美国）................ 92
埃及阿莱曼沙漠战，1942 年（埃及）........ 100

斯大林格勒保卫战，1942-1943 年（苏联）... 104
奥马哈海滩登陆战，1944 年（法国）........ 108
硫黄岛登陆战，1945 年（日本）.............. 116
柏林攻克战，1945 年（德国）................ 120
溪山围攻战，1968 年（越南）................ 128
沙漠风暴战役，1991 年（伊拉克）........... 136
索引 142
致谢 144

导　言

似乎很奇怪，战争的胜利竟然依赖于地形结构。当然，如果一个伟大的将军对战略战术十分精通，那么不管地形地貌如何，他也完全可以避免失败。但只要读一读本书收集的一些战役，你就会发现，正是一个战场的具体的地形地貌，常常成为战争胜负的决定因素。弄清了战场的特征，也就解开了战争获胜的奥秘。

变化多端的地形

亲自走进一个战场是考察当年战争的最好方法。穿上将军的靴子，设想你就是将军，必须选择一个最佳地点来部署你成千上万的士兵。你观察四周，立即开始估量高地的面积，山坡的坡度，自然障碍物的状况，例如利用树丛或农舍石壁作防护的可能性等。这一过程正是过去伟大的统帅们，例如恺撒或拿破仑所经历的。如果你是在晴朗的天气考察一个战场，那么你就很有利了。因为有时候统帅们只能在雨中或夜间，在光线不良时作出这些决定。与此同时，他们知道在另一处，另一支军队正在伺机打垮他们的军队，这就更增加了他们的压力。

当然，还有一些因素会妨碍选择理想的战场，这一点也能说明为什么有时最伟大的指挥员未能作出最好的决断。比如，1815年在滑铁卢，拿破仑被迫让他的对手分散开来，以便各个击破。这样做的结果，使他的对手既有坡地保护，又加强了中央和两边庄园、农舍的防御，从而免受包围和正面攻击。

同许多战场一样，滑铁卢每年都有数千人前来参观。这座圆形的白色建筑矗立在狮子坡下，内有一幅该场战役的全景图

导　言

另一个严峻的事实是，对方部队的指挥者是威灵顿公爵，这是一位精于为自己的部队选择战场，以最大的优势去压倒进攻部队的将军。威灵顿对战场的选择和对地形地貌的驾驭为那一整天的战斗创造了优势。

美国南北战争时期的好几次战役都显示了凭借险要的地势能够战胜数量庞大、指挥出色的敌军。1862 年在安蒂特姆（Antietam），罗伯特·E·李将军被两倍于他的军队的北军包围，但他借助对战场的全面了解，充分利用自然障碍物——如小溪流、坑坑洼洼的道路——他成功地给对方以重创，使他的军队得以从容不迫地撤退，并顺利地进行了第二天的战斗。另一次，还是李，因误选了战场而受害匪浅：他被迫追击北军进入葛底斯堡城，让北军占领了城外的高地，在北军进行的防御战中，南军一次又一次地猛攻高地，然后又越过开阔地带，最后以惨败而告终。

有时候，不但战场的地势能影响战争的胜负，而且当时的气候条件也能形成胜败的差异。在滑铁卢战役中，前一夜的倾盆大雨使地面泥泞不堪，因而延误了拿破仑对威灵顿阵地的进攻。在第一次世界大战期间，农田对行军说来很有利，但这些农田也常常因为大雨和倾泻的炮火变成一片泥沼地而成为不可逾越的障碍。泥水经常是战争胜负的决

这是建在葛底斯堡战场上的为数众多的纪念碑中的一座，这些纪念碑或是纪念一次特别的行动或是纪念一位英雄。例如，这座弗吉尼亚纪念碑纪念的是这场战役中邦联军的最后一次进攻，这次进攻被称为"皮克特冲锋"，这是按乔治·E·皮克特将军的名字命名的。他曾率领12000名邦联军士兵作为先锋向公墓山脊发起进攻

定因素。

本书中提到的有些战役是包围战，看起来，选择地势是不可能的，惟一的决定因素是加强防御力量，但是进攻方却能从熟悉工事堡垒的地形中获益。中世纪时，君士坦丁堡城拥有世界上最牢固的城墙。在1453年，这些城墙，正如先前几百年经历过的那样，似乎足以抵挡土耳其人的进攻。但这一次，包围者弄清了为什么这个城市能够在此前的屡次进攻中生存下来，这些包围者们及时地避开了陆地战，调遣了一支船队，成功地从这个城市的北面侵入毫无防卫的海湾，从而迅速地结束了这次包围战。

对指挥的威胁

战场对战争结果起着重要的作用，但也有例外。20世纪前，指挥员们惯常在调兵遣将时起着非常积极的作用，这是非常明显的事实。这一点使最勇敢的将军们占有优势，而这种优势也很容易使这些将军们忽略敌方拥有的超常调配能力。公元前331年，在高加米拉（Gaugamela），亚历山大大帝让波斯王挑选了战场，甚至允许他排除那儿的所有障碍物，以使其大队战车和骑兵顺利行进。亚历山大断定士兵数量大得多的波斯军队只是依赖其统帅的指挥能力是会失败的。亚历山大让自己的数量较少的部队直攻波斯王，给他造成巨大压力，迫使他逃跑。就这样，波斯军队在亚历山大面前全军覆没。

兵器技术的更新也是影响战争胜负的重要因素。尽管没有什么东西能够在战争中替代有利的地形，但武器确实能加强部队的实力。虽然一些伟大的指挥家，如拿破仑、亚历山大大帝，在进攻战中取得了巨大的成功，但战争通常有利于守卫方。在古战场上，在战马和短兵相接的战斗年代里，这一点也许不具有决定性的意义。到了19世纪中叶，技术已经进入非常有效的阶段，连发的枪械和更有威力的大炮，能够形成巨大的火力面，即使是最勇敢最巧妙的进攻也会被彻底摧毁。例如，在葛底斯堡战斗的最后一天里，罗伯特·E·李将军以拿破仑式的宏伟场面，浩浩荡荡地往前方调动他的部队，结果还未接近目标，就遭到毛瑟枪和隐藏的大炮的猛烈打击。

20世纪，美国内战中，军事的发展在速度上、在数量上都增长了。当时，在佛兰德（法国），德国的入侵因机枪、远射程大炮、带刺的铁丝网和战壕的共同运用而受到遏制。在第二次世界大战中，坦克、装甲车和战斗机的发明使用，又使优势回到了富于想像的进攻方。但即使当时，这种军事上的优势也是能够被顽强的守卫方打败的，或者说进攻方必须付出高昂的代价。

今天，多国部队在中东的沙漠地区击败伊拉克的伟大胜利表明，有了攻击性的直升机和引航导弹，我们完全可以再次进入一个新的拿破仑时代：大胆地全面地进攻，打败即使是最牢不可破的守卫者。但越南战争的教训告诉人们，这种军事变革的成果并不能轻易地起作用，它提醒我们，装备差、但高度机动灵活的游击部队，在他们非常熟悉的土地上作战有最大的优势。

神圣的地方

本书中，在探讨昔日的战场时，值得记住的是，战场上的胜利和失败不仅仅是和国家，和将军们有关，还有千千万万的普通士兵在战场上献出了他们的生命。在以往的许多战斗中，他们至今仍然埋葬在他们倒下的那片土地上。人类的这些巨大的牺牲应该和战争中的战略、战术的细节一样时刻留在我们的记忆里，因为他们在精神上给这些土地增大了面积。就时间概念上说，千千万万的士兵的生命可能是一去不回了，但如果战争体现了自由和专制、统一和分裂之间的斗争的话，那么这些战场被许多国家认为是神圣的地方就不足为怪了。

千万年来，在战争中丧生的人们在胜利后的世事变迁中易于被忘却。他们的尸体被剥去衣服，被拿走贵重物品，然后被扔进共同的坟穴。在那里，没有任何东西能标志他们的个人存在。一个士兵可能在战场上彻底消失，他们的家人永远不会了解他到底发生了什么事。在滑铁卢战役中，参战各方共有4万多人丧生，但对如此巨大的牺牲，仅仅是在几年后竖起了一个纪念碑作为对这4万人的共同纪念而已。

到19世纪中叶，当战争变得更为激烈，破坏性更强时，这种对为国家和信仰而献身的士兵们的冷酷无情，在平民中产生了一种普遍的、强烈的反感。因此，在美国南北战争期间，建起了第一处大型的战时公墓。在

导　言

公墓里，一排排的墓碑上刻上了士兵们的个人名字；葛底斯堡的战场成了一座民族纪念碑；1864年，南北两军中阵亡的士兵们被一起埋在罗伯特·E·李将军的故乡波托马克河旁，后来这里被称为阿灵顿国家公墓，同时，这儿也就成了所有为美国献身的人们的长眠之处。

第一次世界大战的巨大创伤和无数生命的牺牲促使欧洲成立了共同的战时公墓委员会。英、法两国政府作出决定，不把在前线牺牲的士兵的尸体运回故乡，而是埋葬在靠近他们牺牲的战场的公墓里。在法国的索姆省等地，深暗而美观的纪念千百万死难者的纪念碑沿西部战线的战场上竖立起来，一排排简明的白色墓碑现在仍然是对战争中悲壮牺牲者的纪念物。从那以后，建立纪念碑，怀念在战场上牺牲的人就成了一种风尚。为了进一步扩大对昔日战场的纪念活动，许多组织作了长期艰苦的努力。本书中描述到的战场已经受到了保护和重视，作为以往战斗和牺牲的生动见证，人们可以前往参观。

中世纪的一些最为坚固的防御堡垒由于进攻者天才地利用地形而被攻陷：君士坦丁堡在敌军将战船从陆地上运过，对其堡垒进行侧翼围攻后陷落了

高加米拉战役,公元前331年

军事天才亚历山大大帝赢得了决定王国命运的战斗,
在投入了数十万部队、车辆的战争中,
他征服了大片前所未闻的领土。

亚历山大大帝具有征服者的气质,他的野心是无限的,对领土的要求是无止境的。当他和他的部队站在一片土地的边缘上并决心占领这片土地时,他也就是要摧毁这片土地上的一个古老的帝国。

最大的战役

亚历山大和他的父亲马其顿国王腓力二世一样,雄心勃勃,同时他也从他父亲那儿学会了一种高效的战争艺术。当腓力从马其顿的山上走下来时,他显露出希腊式的勇猛威严——一种打败波斯入侵的武士精神。他们的力量来自一个个队列整齐的士兵的方阵——每个士兵都配备有盾牌和长矛,行动一致。在此基础上,腓力增加了非常灵活的,配备了马刀和长矛的骑兵。采用两种兵种的战斗组合,腓力攻占了许多城市,使自己成为希腊的主人。亚历山大同父亲在一起,当上了骑兵,亲眼目睹了马其顿部队的显赫战功,他急切地想在别处体验一番,他相信,他的父亲再也没有征服的欲望了。在一次宴会上,因为亚历山大酩酊大醉,步履蹒跚,父亲指责他说:"你们看,这儿有个人想在洲际间行动,却不能在椅子间走好。"不久以后,腓力被刺,亚历山大就接替指挥他父亲的部队。

公元前334年,亚历山大指挥了世界历史上最大的战役之一。在这次战役中,他东拼西打,从希腊打到印度的丛林,从中亚的沙漠打到富丽堂皇的巴比伦,所有这些地方都属于波斯王国。这种众多的国家组合,其政权形式和影响相似于冷战高峰时期的前苏联。当时波斯帝国的皇帝大流士能从他统治的各个属地上征召数以万计的武士。当大流士第一次听到亚历山大打来时,他一定觉得,那完全是一种不自量力的袭击,可以像苍蝇一样被扑灭。在格拉尼库斯(今属土耳其)战役中,亚历山大证明自己是不能轻易被打败的。一年以后,在伊苏斯战役中,大流士决定亲自迎战这些胆大妄为的异族人。亚历山大再一次击败了

公元前5世纪的一名古希腊重装步兵战士的青铜雕像。像这样的以盾、矛和剑武装起来的战士,处于亚历山大远征军的核心位置。这座雕像现在收藏在柏林文物博物馆里

波斯国王的护卫队,苏萨城堡的墙面横饰带中的一部分。这些武士,被称为不死之人,是波斯军队中的精英,但即使是他们也不能使大流士免于亚历山大的凶猛攻击

高加米拉战役，公元前331年

数量庞大、具有优势的大流士部队，并到处追捕大流士。这时局势很紧张，如果亚历山大继续打下去，那么所有效忠于大流士的国王们就会考虑该由谁来掌权，这个大帝国也就会瓦解，因而大流士就会跟亚历山大决一死战。这样的话，胜负还很难说，反正以后还有很多机会。

最后的争夺

公元前331年，亚历山大从叙利亚进入波斯帝国的美索不达米亚地区的腹地，即现今的伊拉克，他的目标是巴比伦。在古城阿贝拉(Arbela)和高加米拉之间的平原上，亚历山大遭遇了大流士的部队。据说当时波斯军队多达20万人，这或许有点夸张，不过大流士的大量兵马确实令人生畏。在大流士周围站着威武的波斯卫兵，在卫兵的两边是希腊雇佣军，这些雇佣军和马其顿人有着相同的作战方式。在他的左侧是从中亚蜂拥而来的大队骑兵，这些土耳其人都使用弓箭。而在他们的前面是数以百计的战车，战车的车轮上装有大镰刀。在他的右侧是另一支骑兵，这中间包括了以射箭著称的帕提亚人（即安息人）和米堤亚人。最后，在他前头走着一群来自印度的参战的大象——古代的坦克。

亚历山大的部队由大约40000步兵和7000骑兵组成。但一些老资格的武士深信亚历山大几乎是神，是永远不可能战败的。据说，在战斗的当天早上，亚历山大的军官们自然是有一种紧张感，但他们惊讶地发现，他们的统帅竟然还在自己的帐篷里呼呼大睡，就好像是战斗后进行休整的早上一样。大流士已经选好了战场，他认为前两次失败的部分原因是不利的地势妨碍了部队的调动。这一次，他要让他的巨型战车挺进时不受阻碍，因此他命令奴隶们清除地面上的灌木丛和天然障碍物。当他设想，他即将面对小小的马其顿部队时，他信心百倍，稳操胜券。

亚历山大骑马行进在骑兵部队的前头，这支

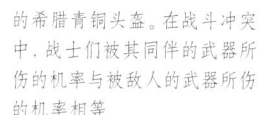

公元前5世纪科林斯样式的希腊青铜头盔。在战斗冲突中，战士们被其同伴的武器所伤的机率与被敌人的武器所伤的机率相等

在高加米拉战役发生1933年之后，即1602年，由荷兰画家彼得·布鲁盖尔（1568－1625年）所绘的一幅画中的局部

高加米拉战役，公元前331年

骑兵部队精悍、忠诚，被称之为"战友"。骑兵部队组成了他的右翼，并行进在其他队伍之前，也就是所谓的梯队部署或称之为斜方阵。在骑兵后面以及中央是强大的马其顿方阵，一个稳固的核心，由手持长矛、盾牌的步兵组成，在其周围，其他部队能行动自如。而在他们的后面和左翼是其余的希腊骑兵。亚历山大知道大流士的部队在数量上大大超过自己，于是他采取了进一步的预防措施：在两翼后面增加了后备部队，以确保他不会受到包围。这是一种战斗进攻策略，但同时也采取了合理的防御措施。

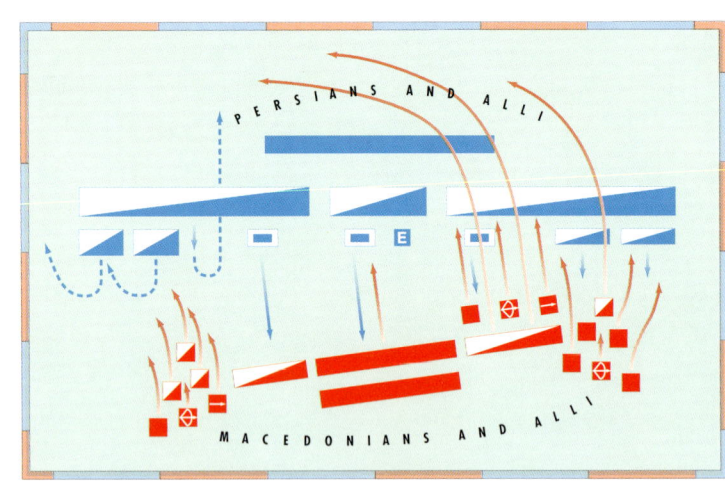

由于无地形优势可言，亚历山大就只好依靠于另一种伟大的获胜因素——直接攻打敌军统帅。但这可是一件说来容易做起来难的事，而且要在一个近乎好笑的开阔地带行进。大流士正让他的数以百计的战车开向前方。

车轮滚滚向前的轰鸣声掠过平原，无数战马和带尖的车轮扬起了一大片、一大片的尘埃。面对这种望而生畏的场面，许多弱小的部队也许都会不战而逃。但亚历山大的轻装步兵向马群猛烈地投掷标枪，发射弓箭，使马群陷入一片混乱，这样当它们碰上了主力希腊队伍时，它们的冲力业已丧失殆尽。马群为了活命，奋力往回跑。亚历山大于是策马扬鞭，他的"战友"们紧跟其后直朝波斯军队猛冲过去。波斯和土耳其骑兵朝他冲过来，然后掉转马头朝侧翼马其顿人冲去，企图把亚历山大他们包围起来，但亚历山大的后备部队堵住了他们，让"战友"们直捣波斯人的中心。

弓箭手密布的波斯战车和骑兵。大流士企图在战役之初便以大量密集的战车压倒亚历山大，但亚历山大以步兵削弱了它们的冲击

在亚历山大的左侧，携带弓箭的波斯骑兵迅速成钳形调动，亚历山大的后备部队也早料到了这一着，同波斯骑兵展开了猛烈的狙击战。

亚历山大的骑兵部队撤向了他的侧翼，他在已经受到削弱的中央地带亲自指挥了一场不寻常的战斗。他的马其顿方阵及时地赶上了他，他们左冲右突，极力深入大流士的卫兵圈——他们用他们的长矛猛烈地挑、刺皇帝的卫兵，打垮皇帝的部队，然后又迅速地回到他们自己的队伍中，这是马其顿人的一种非常狠毒的战斗方式。大流士的希腊雇佣军用他们的长矛以同样的方式进行还击，但作为雇佣军，他们对皇帝并不忠心耿耿。当亚历山大施加更大的压力时，大流士觉得他已经难以继续支撑了，于是他命令忠于他的战车部队掉头逃离战场，他的部队在亚历山大的骑兵和长矛方队前土崩瓦解。这是大流士在他的帝国最后的逗留。一年后，有人发现他死在路旁，是被他的已经绝望的支持者所杀害的。现在亚历山大已成为波斯帝国的主宰，他带着他的财富和对新皇帝的问候浩浩荡荡地进入巴比伦。

高加米拉战役，公元前331年

亚历山大神

当亚历山大大步走进一个古老的世界，一个他逐步成为其主宰的世界时，他竟然觉得，把自己看成是一个神，这一点也不奇怪。那样大的权势和成功会使任何人感到目空一切，至高无上。而且这还不仅仅是一个自我感觉像神的问题，因为现实生活中的亚历山大就认为自己是神。

在古代世界里，军事指挥通常是一种个人才能。一个男人（有时是一个女人）能够凭个人才智统帅一支军队，骑马走在队伍的前头，率领队伍进入战斗。一支队伍的兴衰就依赖于它的领导人的个人实力。亚历山大完全明白这一点，因而不管在任何地方，他都能率领他的人马面对几乎难以应付的意外局势而取得非凡的胜利。亚历山大把自己和神联系在一起，提倡忠诚、崇拜。

当亚历山大第一次踏上亚洲大陆时，他立即领着他的武士们进入特洛伊城，特洛伊城是伟大的希腊文学史诗《伊利亚特》传说的旧址。在这儿，令人生畏的希腊武士对特洛伊人进行了一场长期的、英勇的包围战。亚历山大相信，他就是希腊英雄阿基里斯的后代，他在阿基里斯的坟墓上摆上祭品来纪念这位英雄。实际上亚历山大的神威要比阿基里斯大得多。当亚历山大决定把自己的形象永远刻在钱币上时，他被描绘成头上长角的神，这种角是狄俄尼索斯神的标记。狄俄尼索斯是酒神，具有鲁莽、强暴的性格，这种性格常常隐藏在男人和女人内心，只有用酒才能解除。狄俄尼索斯也是主神宙斯的儿子，他离家出走，由一支狂野的森林之神和奉酒之神组成的队伍陪伴着漫游世界，传播酒的用途，并在埃及和亚洲征服了许多部队，一直挺进到印度以远。亚历山大也是如此，他有巨大的野心，强烈的征服欲。酒甚至成了他生活中不可或缺的东西。历史学家提到，他常和朋友们在酒会上狂饮，席间他因酒致暴，有时朋友们都会成为牺牲品。

在埃及，亚历山大进一步加强对自己的神化。他率领探险部队进入沙漠，到阿蒙神庙去凭吊。当他接近神庙时，埃及祭司一致把他认作埃及最高神灵阿蒙的儿子。阿蒙神相当于希腊最高的神灵宙斯。

还有一个例子是，亚历山大如同酒神狄俄尼索斯一样，被认为是宙斯之子。和亚历山大同时代的古希腊历史学家普卢塔克对此是这样解释的，他说："亚历山大并不因为深信自己的神威而让自己徒有虚名或愚昧自负，而是要去证实他有压倒别人的绝对权威。"这是千真万确的，但也有小小的疑点，他怎么会相信自己是狄俄尼索斯酒神呢？

地板马赛克镶嵌画中的大流士，他乘着战车，被亚历山大大帝在伊苏斯（Issus）战役中击败

阿莱西亚战役，公元前52年

很少有像阿莱西亚（Alesia）那样奇怪的战役。在那儿，罗马人正包围着凯尔特人的山间要塞，与此同时，他们自己却被凯尔特人的同盟者所包围。因而罗马人匆忙构筑的防御工事对夺取胜利就至关重要了。

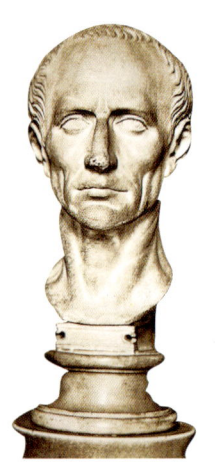

现藏大英博物馆的胸像所展现的尤利乌斯·恺撒（公元前102年－前44年）。很少有将领能与恺撒在为数众多的战役中所展示出的卓越的指挥才能相匹敌。尽管恺撒行使着一个独裁者的权力，他却是一个博学之士，在一定程度上施行温和开明的政治，这在他的年代是罕有的。他被密谋刺杀是由一群贵族所策划的，目的在于阻止二世袭君主制的出现

和其他政治家们一样，尤利乌斯·恺撒认识到，通向政权的最佳道路之一是有卓著的军事业绩。因而，从年轻时候起，他就一直呆在同凯尔特人交战的边界前线。他的第一次战斗经历是在西班牙同凯尔特人打仗,他取得了胜利。但他的目光盯在凯尔特人的富饶的高卢的土地上，这块土地就是现今法国的疆土。

分而治之

亚历山大大帝认为自己是神，深信自己的神威会在战斗中给自己带来胜利。恺撒与亚历山大不一样，他是一个非常务实的人，他懂得做任何事情都必须做好充分的准备工作。他写道："在日常事件中，特别是在战争中，运气这个东西有时会产生很大的影响，但在事件进程中，也往往会因为非常细微的变更，打破均衡，从而使事件发生重大变化。"

明白了这一点，恺撒竭尽全力为选好战场作准备，其中也包括政治上的准备。当他第一次入侵高卢时，他造出一种假象，让人相信他是应一个凯尔特部落的请求来帮助凯尔特反对日耳曼人的侵略的，他是救助者，而不是入侵者。恺撒就此进一步深入高卢，并且成功地让同他并肩作战的凯尔特人去反对与他们有分歧的其他凯尔特部落。通过这种分而治之的办法，恺撒迅速地发现自己成了高卢的主人。但并不是所有的凯尔特人都轻易上他的当：在法国中部，恺撒被迫去面对一个在军事、政治才能上和他不相上下的凯尔特的领导者。

韦辛格托里克斯是凯尔特人的阿维尔尼（Averni）部落的首领，他们居住在法国中部。韦辛格托里克斯生性骠悍，对他的武士实行严格的纪律约束。他要求邻近的部落对他俯首称臣，如果不服，就处以死刑。那时，恺撒对高卢的侵占只限于在高卢的中部外围控制了一批被征服的碉堡，但阿维尔尼的对抗迫使他进入高卢内地。

恺撒跟踪凯尔特人到达阿维尔尼的首府格戈维亚（Gergovia）的一个山地要塞处，在攻击要塞中，恺撒依靠切实有效的罗马军团的体制，和结盟的凯尔特骑兵一道战斗，但这一次，却到处碰壁。他的罗马士兵遭受到了冒充成他们自己友军的高卢骑兵的突然袭击，这些高卢骑兵实际上就是敌军的凯尔特骑兵。按照恺撒的布置，友军通常"不穿衣服露出右肩，作为自己人的标志。"可是这些骑兵并没有这样的标志。看来是韦辛格托里克斯做了手脚，故意在战场上制造了混乱。不管是什么原因，总之，罗马人遭受了致命的打击，被迫撤离山间要塞。这个结果对恺撒的政治控制权是灾难性的，他的不可战胜神话破灭了。全高卢地区的凯尔特部落纷纷投奔韦辛格托里克斯。甚至连恺撒的最忠诚的高卢支持者埃杜伊（Aedui）部落也把他们的命运同阿维尔尼连在一起了。

恺撒在这样的挑战前并没有逃避，而是有条

一名罗马士兵擎着一支罗马军队所特有的鹰形徽章。这座制于公元1世纪的青铜雕像现藏于罗马的阿尔巴·富森（Alba Fucene）博物馆

阿莱西亚战役，公元前 52 年

今天，位于阿利斯－圣雷讷 (Alise – Ste – Reine) 村附近的阿莱西亚遗址，在主要山丘的两侧均有河水流过，显然，作为凯尔特人的山寨是一处引人注意的绝佳之地

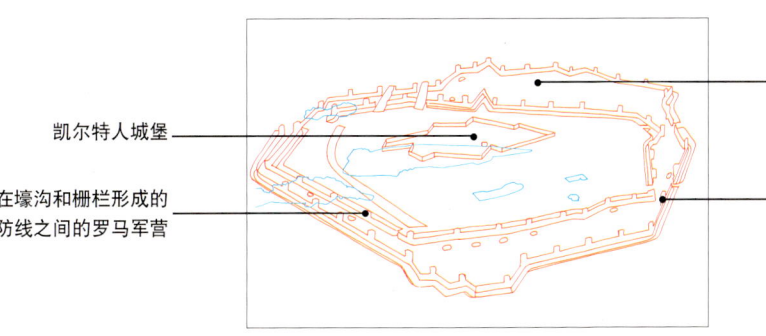

凯尔特人城堡

在壕沟和栅栏形成的防线之间的罗马军营

罗马人的内环防御工事，用以将进攻的凯尔特人困于其内

罗马人的外环防御工事，用以将救援的凯尔特人的军队阻挡于外

不紊地着手整顿和扩充自己的队伍。他请求高卢人的老对手日耳曼人为他提供友好的骑兵支持,让日耳曼骑兵紧跟在韦辛格托里克斯后面。他知道,韦辛格托里克斯和亚历山大一样,是整个战役的核心。恺撒得知高卢的首领正在阿莱西亚的山间要塞里。阿莱西亚是一片地势险峻的岩石高地,这个高地如今称之为奥克索伊斯(Auxois)山口,离法国勃艮第地区的第戎约30英里(48公里),它三面围绕着深陷而陡峭的河谷。在木栅栏和土坡构成的并有数以万计的士兵防守的堡垒里,韦辛格托里克斯不急于去对付罗马军阀,他要等一支高卢增援部队加入他的部队,然后他们就同心协力地去打垮罗马的冒险分子。

罗马人的逻辑

由于韦辛格托里克斯藏在一座难以攻破的堡垒里,现在恺撒要进行一次尝试,这种尝试只有具有恺撒那样的逻辑的罗马人才会觉得有价值。恺撒有一支约50000人的可供调动的部队,这其中包括十个军团的罗马士兵,几千名异族骑兵和众多的随军杂役。恺撒没有像一个小暴君似地下令去对山间要塞进行无效的进攻,而是命令他的部队开始挖地道。这支巨大的工兵部队着手构筑一条围绕山间要塞的环形工事,这是一项宏伟的工程,是一条深8英尺(2.5米),宽15英尺(4.5米),长11英里(17.6公里)的环绕阿莱西亚的壕沟。挖出的泥土就堆在壕沟的后面,在土堆上面建起木制路障,并且每隔一定的距离在壕沟内侧修建小堡垒,共有23处。

韦辛格托里克斯对对手的煞费苦心大为惊奇。他估计他的食品给养只能支撑一个月。在环形堡垒全部筑成之前,他赶忙派出一支骑兵去支持前

右图:复原图显示了罗马人建造大木塔的情景,这些大木塔形成了恺撒的防御工事环的中心。图中左下角是一台弩炮,它是一种为罗马人所喜爱的能发射矛枪的投射器械。

下图:尤利乌斯·恺撒所建的围困凯尔特人山寨的防御围墙的复原图。这一防御工事用于粉碎敌军徒步或骑马所发动的进攻。

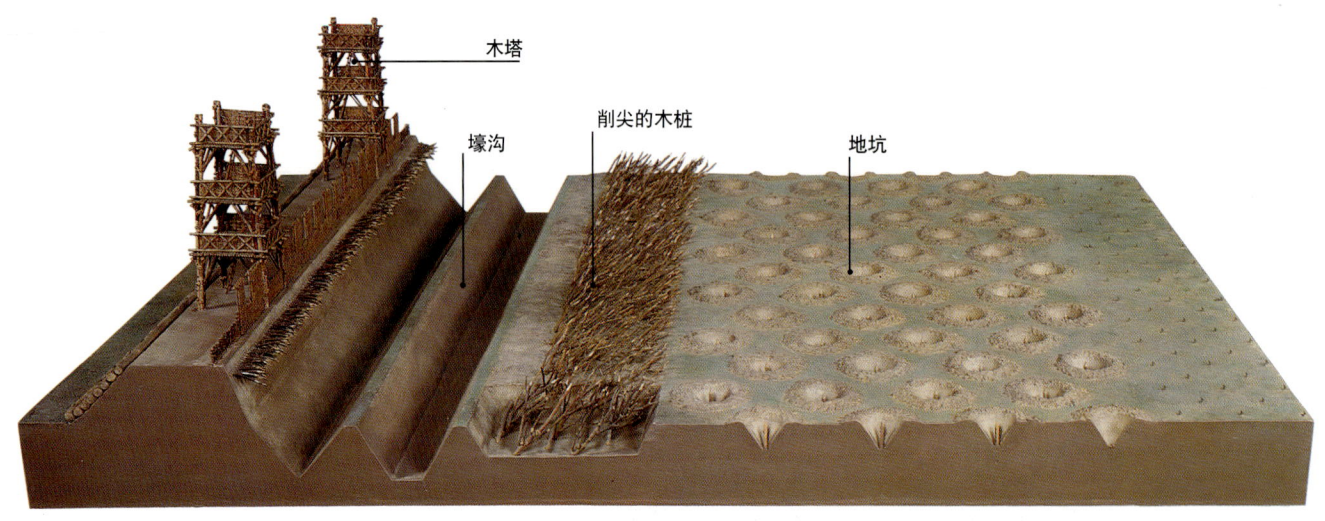

阿莱西亚战役，公元前52年

来增援的加盟部队。但恺撒比他先行一步。恺撒早已料到救援部队可能从他的堡垒后面进行袭击，恺撒于是命令他的士兵构筑第二条更大的环形防御工事，来保卫他的后方。这样就形成了一圈套一圈的堡垒。恺撒还不满足，他还下令在更远处挖壕沟，有些壕沟里插满了锋利的尖桩，另一些壕沟里则灌满了从附近河里引来的水。这真是一项了不起的杰作，也是很有必要的、合理的战前准备。因为韦辛格托里克斯的请求支持并非无人响应，大约有43个高卢部落为他派去了数以万计的武士，这些武士直奔恺撒的扎营阵地。

凯尔特军队的实力就在于它的由古代世界最佳骑手组成的骑兵。他们的作战方式是在马背上投掷标枪，或用长柄大刀砍杀步兵。罗马人好多世纪以来，就一直征召他们当雇佣军。恺撒知道，他将不得不面对来自他的防御圈外的威胁。从堡垒工事的城垛上往外看，数以千计的骑兵就在山间要塞下面撞击拼杀。当恺撒的日耳曼骑兵同凯尔特人厮打时，那可真是一场由民族仇恨激发起来的残酷的遭遇战。日耳曼人尽管在数量上处于劣势，但最后还是一鼓作气，冲向凯尔特人的救援部队，把他们赶回到原来的营地。凯尔特人未能在开阔地带打败罗马人，于是就改变策略。夜幕降临，凯尔特武士们带上一捆捆树枝、梯子和抓钩，朝外圈堡垒摸过去，将一捆捆树枝扔进战壕，然后踩着树枝，把梯子靠着路障竖起来。罗马哨兵高呼警戒口令，立即同高卢人展开战斗，以图从路障上把凯尔特人赶回去。凯尔特人还使用了像投石器那样的火炮（一种发射大量标枪的装置）。凯尔特人冲锋时的叫喊声激励了韦辛格托里克斯，韦辛格托里克斯的部队也加入了这场战斗，朝对罗马人来说是生死攸关的内圈防御工事进攻。但黑暗也引起了混乱，许多凯尔特人掉进了满是河水和尖桩的壕沟里。尽管两边受到攻击，恺撒的部队还是有效地保卫了城垛，阻止了内外两方面的兵力的任何突破。到拂晓时，进攻外环

阿莱西亚战役，公元前52年

一幅公元1-2世纪的罗马马赛克镶嵌画上所描绘的罗马士兵。这是一种颇为异想天开的描绘，而且恺撒的士兵肯定会是披盔戴甲的

工事的凯尔特人已经疲惫不堪，并担心罗马人反击，于是他们退回到他们原来的营地。而韦辛格托里克斯也缩进了他的山间要塞。恺撒的不遗余力的战备明显奏效。对韦辛格托里克斯来说，整个局势显得非常严峻。

处在堡垒外的凯尔特人开始从战术上来观察分析问题。他们没有冒险地在平原上进行另一次进攻，而是派遣侦察部队去了解恺撒的防御工事的整个布局。他们发现，在围绕山间要塞的堡垒中，位于峡谷的陡峭岩石地带的那一面的堡垒是最脆弱的。现在是考验罗马人的战斗意志的时候了，凯尔特人派出的一支主力部队在夜间到达了防御工事的远处，他们一面高喊猛叫冲锋口号，一面使用成捆成捆的树枝和梯子冲上路障栅栏，进行袭击。恺撒对此敏捷迅速地拿出了对策。但当他采取行动时，凯尔特人从平原上发起了另一次攻击，而且和上次一样，韦辛格托里克斯又从山间要塞里冲出来加入战斗。现在，恺撒不得不在他的防御阵地的三个不同的地段面对三个方面的强大攻击，因而他的部队力量大大分散，到处都在战斗。当防御工事确实被攻破时，恺撒骑着马，各处奔跑，灵活机动地调遣他的后备部队。正是在这个关键时刻，他的个人指挥才能起了最大的作用——他披着红披风——这样他的部队都能看到他亲自在和他的处于困境的士兵们一道作战。

有些地方，栅栏路障实际上已被推倒，恺撒一次又一次地让他的后备部队堵住了缺口。后来，恺撒在回忆这次战役时，是这样描述战斗中的绝

阿莱西亚战役,公元前52年

望色彩的:"双方都意识到这次战斗比其他任何一次都重要,需要孤注一掷,破釜沉舟。高卢人知道,除非他们突破敌方防线,否则他们将全军覆没。而罗马人,如果他们守住了阵地,就有可能结束他们所有的艰难困苦。"

到黄昏时分,部队人数的众寡悬殊就开始显露出来。从平原上进攻的凯尔特人已经突破了罗马人的防线,正在涌进已经攻破的栅栏路障。现在恺撒只有两种选择:要不收兵撤回到防御工事的后面去;要不重新组织力量,以攻为守。他选择了后者,率领一支骑兵和步兵的联合部队,冲破阻力,迂回到后面去攻打凯尔特人。凯尔特人感到很纳闷:难道又出现了一支全新的罗马人的军队?凯尔特人于是惊惶失措。大屠杀开始了,恺撒最后摧毁了凯尔特救援部队的意志,使其无心恋战。韦辛格托里克斯承受不住,只得把他的部队撤回山间要塞。此时日耳曼骑兵在后面追赶凯尔特部队的残兵败将,一直深入到密林之中。

在阿莱西亚内部,韦辛格托里克斯认识到任何取得胜利的希望都不存在了。恺撒把他围困在他的山间要塞里,打得他的援军分散逃离。幻想破灭了,又想不出更好的办法,韦辛格托里克斯只好转向他的支持者们,让他们来决定他的命运。这些支持者们可以立即把他杀掉,或者把他交给罗马人。但没有一个凯尔特人能作出决定,他们只得派人给恺撒送信,由罗马人来决定一切。

恺撒在山间堡垒外面筑起一个巨大的平台,他和他的军官们坐在平台上品尝着胜利的喜悦。他命令那些反叛的部落首领们在他面前走过,并放下武器。韦辛格托里克斯最后一个离开山间要塞,他穿上了他的最好的盔甲,骑在一匹漂亮的马上,到了恺撒跟前,他下了马,脱下盔甲,默默地跪在这个罗马人的面前。在高卢,所有的凯尔特人的反抗就此结束了。恺撒又征服了一片新的土地,他将带着锁链在身的韦辛格托里克斯凯旋。在罗马,为恺撒宣布建立政权之用的舞台业已建好。

今天,小小的阿利斯-圣雷讷(Alise-Ste-Reine)村位于高地的边缘,这儿曾经建有凯尔特人的山顶堡垒。在19世纪,法国皇帝拿破仑三世下令在昔日的战场上掘地三尺,发现了大量的武器和骨头,拿破仑三世很为这段故事中凯尔特人的反抗精神所感动。为了纪念韦辛格托里克斯,他下令竖起了巨大的雕像,并把雕像描绘成一个令人难忘的形象:长长的头发、满脸的胡子。塑像底座上刻着献给凯尔特武士的碑文:"统一而联合的高卢,万众一心,能抗衡宇宙。"拿破仑三世要求别忘记这段历史教训。现在塑像仍然竖立在战场上,俯视着曾经发生过最激烈的战斗的平原。

罗马士兵正在组装龟甲连环盾,士兵们将这种盾牌举在他们头上以便在攻城时保护自己。这个场景取自马库斯·奥莱利乌斯(Marcus Aurelius)记功柱,描绘的是一场发生于公元2世纪的攻打日耳曼人部落的战役

凯尔特人的骑术

在古代,凯尔特人以骑术著称,他们的骑兵往往被希腊人和罗马人雇佣,因而他们常在最伟大的军事统帅(包括恺撒和汉尼拔)的指挥下服役。

由希腊士兵克塞诺丰写的有关早年他们同底比斯(Thebans)人战斗的记载现在仍保存完好,他写道:"尽管他们人数不多,但他们到处散布着,他们向底比斯人冲过去,向底比斯人投掷标枪。当敌人调兵迎战时,他们就掉转马头逃开,一边跑,一边投掷更多的标枪。在采取这些战术时,他们有时会下马略事歇息,但如果在歇息时有人向他们攻击,他们就会轻松地翻身上马,然后撤退。如果敌军武士追赶他们而远离底比斯大部队时,他们就会掉转身来,用标枪刺杀这些武士。就这样,他们巧妙地操纵了整个底比斯部队,随心所欲地迫使底比斯部队前进或后退。"

黑斯廷斯战役，1066 年

这是欧洲最著名的战役之一。诺曼底胜利者结束了长达几个世纪的撒克逊人对英国的统治，从而戏剧性地改变了英国历史的进程。这是一次力量均衡的斗争，而斗争的结局在很大程度上依赖于威廉的一次好运气。

诺曼底的威廉，即英格兰的威廉一世（1027－1087年），是诺曼底公爵，罗伯特三世的非婚生子。尽管如此，当其父于1035年去世时，他还是被承认继有公爵爵位。1051年他拜访了他的堂兄，爱德华国王。国王在英格兰宣称，同意授予他王位。然而，当爱德华去世时，哈罗德却成了国王

如果真有一个王国，如果真有一个国家在一天之内灭亡了，那它就是1066年在黑斯廷斯（Hastings）土地上的撒克逊人统治下的英格兰。诺曼底公爵威廉声称英格兰国王爱德华已经答应他继承英国王位，所以当爱德华的内弟哈罗德·戈德温森（Harold Godwinson）不承认威廉的声明，而在1066年自己继承王位时，一场对抗就是不可避免的了。

准备战斗

哈罗德在英格兰是个举足轻重的人物，是爱德华统治时期的幕后掌权人，他甚至有权调遣一支庞大的由撒克逊武士组成的军队。威廉是他在法国北部的对手，这位对手不久前在法国布列塔尼粉碎了一次叛乱，当时威廉的主要力量是他的诺曼底武士。这些诺曼底武士配备了盔甲，在马背上使用长矛和马刀，他们是北方入侵者的后代，他们有着北欧海盗的血缘。

走向对抗的初期是在1066年的夏季，当时威廉下令组建一支庞大的船队，为的是横渡英吉利海峡，运输他的武士、马匹和支持者。而此时，哈罗德正努力巩固他在英格兰的地位，哈罗德不但要提防传闻的威廉的入侵，而且也要面对对英国王位虎视眈眈的其他军阀们的威胁。9月间，一支挪威军队在英格兰北部诺森伯兰海岸登陆，击溃了一支挺进约克郡的撒克逊部队。哈罗德迅速作出反应，在斯坦福布里奇战役中和入侵者正面交锋，挪威部队溃败，他们的领导人被杀。完全可以说，哈罗德取得了一次伟大的胜利。但是当他的士兵们欢庆时，消息传来，威廉已经发起对英格兰南部的侵犯。

疲惫之师，难以获胜

至今对此还有争论：正是匆忙南下进攻，哈罗德及其部队损害了对威廉部队在黑斯廷斯的战斗力。当时，他们行军走了200英里（322公里），费时约一周。他们简直精疲力尽，难以坚持对诺曼底人进行一整天的战斗。不过，这种说法是按我们现代人对体力的观点而做出的。哈罗德的撒克逊武士们可是另一种人，由于胜利，由于大量的战利品而被激励起来的高昂战斗意志使哈罗德的轻装部队能轻松地前进。（这种顽强精神在现今也是能找到的：摄影记者肯·格斯特（Ken Guest）把哈罗德的士兵比作和他一起工作过的吃苦耐劳的阿富汗农民战士，当时阿富汗正同俄罗斯交战。这些人在世界上某些最艰险的山地上一天要走12个小时，他们只有在做祷告和喝茶时才略作停留。）

10月14日，撒克逊和诺曼底军队在萨塞克斯（英格兰南部）现代城镇黑斯廷斯北面约8英里（13

哈罗德二世（约1022－1066年）。图中臂上有一只鹰的人，是戈德温伯爵的次子。作为爱德华的左膀右臂，哈罗德显示出了卓越的才能，同时也是一名强干的士兵

威廉的舰队中的一艘船满载着武士和他们的马匹穿越英吉利海峡。巴约（法国）挂毯局部

公里）的山坡上相遇了。哈罗德非常熟悉地形，在山脊顶上选择了一处坚固的防御阵地，两翼有树林，前方有沼泽地作防护。威廉别无选择，只好进行正面攻击。哈罗德命令骑兵下马同步兵一起组成防护墙，这样，他们就能保护自己免受弓箭攻击，且防线不易被突破。

棋逢对手

我们不清楚那天双方投入的作战部队的数量。据估计各方兵力大约有8000人，当然，当时欧洲中世纪初期部队人数不是很多的。我们所了解的是，威廉把他的入侵部队编组成三个大队：忠诚的诺曼底武士在中央；法国盟军在他的右翼；布列塔尼人的监军在左翼。在这些大队中，弓箭手在前，步兵居中，而盔甲骑兵断后。从表面上看，威廉处于优势，但撒克逊人掌握了战场地势的主动权，因而威廉丧失了主动部署自己阵地的机会。威廉朝山上发起进攻，但他不可能牵动对方的两翼。相反，撒克逊人由于有一位坚强的统帅，已经赢得了一次胜利，因而有较高的士气，况且他们是在为保卫自己的故乡而战。

尽管环境对发动进攻不理想，但威廉显然深信自己的武士和他们的战斗力。诺曼底武士简直就是职业杀人机器，从头到脚包裹在厚厚的盔甲

黑斯廷斯战役，1066年

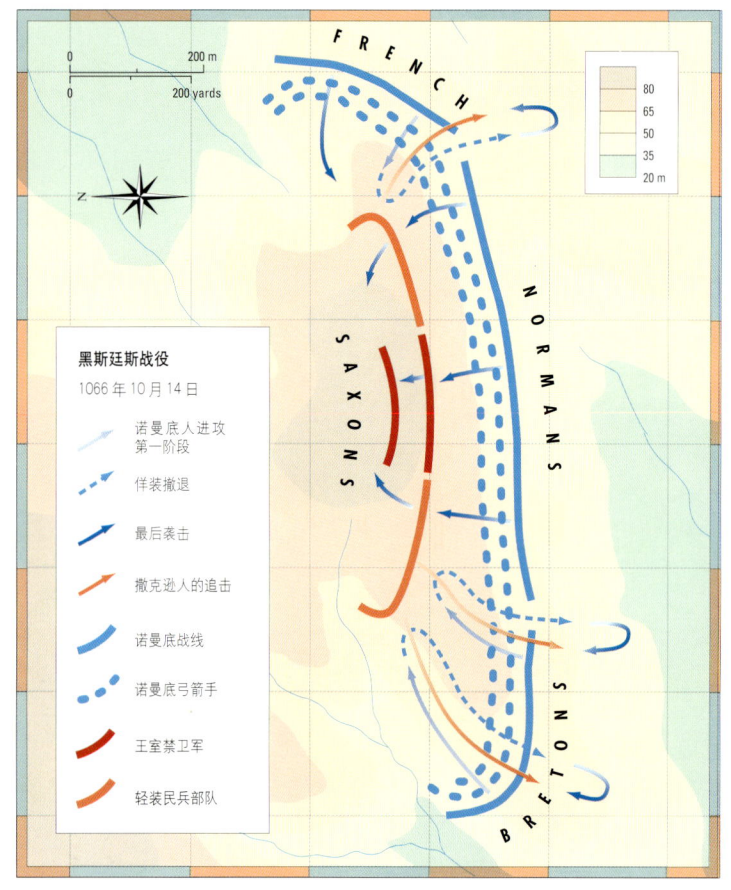

兵向山顶挺进，他的弓箭手射出雨点般的箭，但从撒克逊人的防护墙后招来了更多的箭、石头和投来的标枪。两方对峙：撒克逊人的刀对布列塔尼人的剑；威廉的骑兵用他们的长矛刺透了哈罗德的防护墙，而北欧海盗的双面斧劈开了诺曼底人的盔甲。在这种最初的撕杀中，双方都全力以赴，希望单凭勇猛和力量而取得胜利。正当双方在获胜和战败的边缘上进进退退时，首先是布列塔尼人败下阵来，他们被撒克逊人赶下山时，只听见"威廉已被杀死，战斗已经结束"的一片喊声。

威廉立即采取行动以阻止军队的溃败。他摘下头盔，不断挥舞，骑着马在自己的队伍中来回走过，以此告诉他的士兵他仍然活着。这是战斗的危急时刻，威廉决心要稳住部队的士气。他手执宝剑，重新在自己身后结集起队伍，组织了一次反击。一些一直在追赶逃离的布列塔尼人的撒克逊人受到了包围和屠杀，不过哈罗德的大多数武士都回到了他们的阵地继续战斗。

对这之后的战局的情况，说法各不一样。一个诺曼底侍臣，后来成为战争历史学家的波伊蒂尔斯(Poitiers)说，威廉多次伪装撤退，以便从哈罗德的防线上诱开更多兵力。这种说法也可能是为了讨好威廉，试图把他描绘成比他在这次实实在在的战斗中更为伟大的将军。因为，事实上，当威廉撤退时，哈罗德的疲惫不堪但又自负的武士们果断地抓住了有利的战机，紧跟在威廉的队伍后，穷追不舍，而大获成功。一般说来，在激烈的战斗中，伪装撤退是非常困难的，而且经常会引起真正的溃败。很难相信，已经处于危急局势中的威廉的军队，其中包括并无坚定的战斗意志的非诺曼底人分队会真的成功地执行伪装撤退的命令。

内，随时都可以向敌人投掷可怕的长矛。可是，哈罗德的士兵也并非等闲之辈，在黑斯廷斯山脊周围是哈罗德的精锐卫队，誓死效忠的用全副盔甲武装的凶猛武士。他们中的好多人都使用巨大的双面战斧——一种只要一劈就能致人死地的利器，一种能在千军万马中杀出通路的武器。

不管作为统帅，有着怎么样的焦虑，威廉别无选择，只有进攻哈罗德，这也是过去七个月来一直备战的必然结果。再说，在这个陌生的地方他也没有掩护藏身之处。战斗从下午9点开始，威廉的士

另一种说法是，威廉对撒克逊人的防线进行了偷袭。因为紧张的战斗和巨大的消耗，战斗的双方一定都精疲力竭了——一种作背水一战的袭击比作多次冒险的撤退更加明智。总之，不管当时威廉究竟使用了什么战术，有一点是肯定的，那就是他们战胜哈罗德的决心并没有起多大作用。哈罗德仍然站在山顶上，蔑视山坡下的敌人，因为整个战斗的主动权仍然在他手里。

一箭定乾坤

任何时候，不论是在战场上还是在战斗开始前，一支军队的凝聚力都取决于它的士兵们是否知道他们的指挥员们就在岗位上。指挥员在岗位上这一事实会鼓舞每个士兵的斗志，因为他知道他的指挥官和他共命运。反过来，如果指挥官死了或者离开了战场，那么战斗很可能从此走向失败。关于这一点，在中世纪的这场战争中，得到了无可辩驳的证实。

白天过去了，对威廉的部队形成的威胁更加迫近了，这时，威廉发起了最后一次强大的进攻。他指挥所有的队伍向山上冲锋，他的射手们射出了密密麻麻的像暴风雨似的利箭。他的士兵们知道，撤退，就如同在陌生的土地上漫无目的地打猎，是不会有好结果的。于是他们用破釜沉舟的决心进行战斗。就在这场最后的交战中，威廉的运气来了。一支箭飞过了撒克逊人的盾牌，扎进了哈罗德的眼睛。当这个大军阀挣扎着要拔箭时，他周围的铁的防护墙动摇了。诺曼底武士冲入他的卫队，哈罗德被砍倒在地。由于这一偶然事件，战役就此决出胜负。本来，双方互相厮杀，不分高低，几乎陷入僵持状态，哪一方都不缺乏勇猛和武艺；本来，哈罗德有着卓越的指挥才能，又

挑选了有利地形，为自己创造了战胜威廉的优势，但最终，哈罗德未能扭转他自己死亡的命运。当这一可怕的消息传开时，溃退开始了，随着诺曼底人对溃逃的撒克逊武士的追击，溃退就变成了一团混乱。命运真是会捉弄人，就在几个小时前，诺曼底人还在为自己的命运提心吊胆呢！

在这一天，命运之神起了极为关键的作用，威廉理所当然地对上帝感谢不尽。他下令在战场原址上修建了一座修道院，时至今日，修道院的废墟仍依稀可见。据传说，修道院的祭坛就建在当年哈罗德倒下的地方。威廉认为自己交上了好运，他不失时机地利用自己的优势，迅速向英格

诺曼底持续地袭扰撒克逊人的"盾墙"，并向落马的撒克逊人投掷标枪。巴约（法国）挂毯局部

兰王权的象征地伦敦进军。撒克逊王朝的命运和哈罗德的命运紧紧相连，当哈罗德不复存在时，许多反抗也就不复存在了。威廉仅仅赢得了一次战斗，竟然获得如此巨大的报偿，真是令人惊奇。不过，还是有许多撒克逊人一致认为，必须坚决对北方人的入侵进行抗争，这种抗争必定是旷日持久的。

君士坦丁堡攻坚战，1453年

君士坦丁堡（Constantinople）战役使君士坦丁堡城陷落，使罗马的最后一个皇帝丧生。历史上很少有像这次战役一样，对其后的历史产生了如此深远的影响；历史上也很少再见到这样的聪明才智，凭借这样的聪明才智，摧垮了历经千年攻击的防御工事。

穆罕默德二世，土耳其苏丹，君士坦丁堡的征服者。他的这幅肖像，署名希南·贝(Sinan Bey)，约作于1475年，现藏于伊斯坦布尔的托卡比(Topkapi)宫博物馆

君士坦丁堡被认为是第二个罗马。当古城罗马在5世纪落入异族人手中时，正是君士坦丁堡这座城市成为人们关注的中心。大家极力维护它，维护这个罗马帝国的文明之宝。

固若金汤的神的城墙

罗马城的最后一个罗马皇帝被谋杀很久之后，君士坦丁堡还有一个罗马皇帝仍然统治着，并在君士坦丁堡建起了基督世界里最大的教堂——圣索菲亚教堂，它的巨大的穹顶上饰满了闪亮的金色马赛克。多少世纪过去了，君士坦丁堡的声望因其财富而高涨起来，这些财富是从无数的在欧亚旅行、经商的商人那里弄来的。因为君士坦丁堡位于东欧南端，控制博斯普鲁斯海峡，它分隔亚、欧，并连接地中海和黑海，地理位置十分特殊，是这些商人的必经之地。这样一个城市竟然被征服了，简直不可思议！

一千年来，君士坦丁堡抗击了异族人和外国军队的入侵。这个城市最先建于5世纪。它的高大的城墙前有60英尺（18米）宽，30英尺（9米）深的护城河，河的后面就是约30英尺高，7英尺（2米）厚的城墙，城墙上有96座塔楼按固定的间隔分布于该城的靠陆地的西侧和靠海的两侧，也就是说，该城大致呈三角形。在这些外城墙的后面是更为高大的内城墙，内城墙厚16英尺（5米），高40英尺（12米），再次配置了96座塔楼。在5世纪，当匈奴王阿提拉(Attila)同一群异族人策马奔向君士坦丁堡时，他经过反复考虑，还是改变了作战目标，奔向了较易攻打的其他地方。因此，许多人把君士坦丁堡看成是受神亲自保护的城市是毫不奇怪的。

到了15世纪，罗马皇帝，或称为拜占庭皇帝的权力大大地衰弱了（所以叫拜占庭，是因为他们说希腊语而不是说拉丁语）。几支奥斯曼土耳其人的队伍已经走出中亚，征服了亚洲的所有其他王国，并横渡博斯普鲁斯海峡，进入欧洲。在那儿，他们大肆掠夺巴尔干人的领土。但是，这些土耳其人根本不想攻打君士坦丁堡的巨大的城墙，而是让君士坦丁堡在一片穆斯林海洋中变成一个基督之岛。直到苏丹王穆罕默德，一个女奴的儿子，有了异想天开的念头，主张征服这最后一个基督城堡。他的父亲觉得这个想法实在狂妄、荒唐。当他的父亲死后，穆罕默德年仅21岁时，成了苏丹王。他的最大野心被人们美化为结束一千年罗马历史的武士精神。

穆罕默德精心地为这次战役做了准备。1452年，他下令在博斯普鲁斯海峡的欧洲一侧，也就是在君士坦丁堡的北面，修建一座城堡，叫做鲁梅利·希萨尔(Rumeli Hisar)。今天，这座城堡仍然耸立在那儿。而且非常了不起的是，它不是几年而是几个月就建成了。君士坦丁堡皇帝，一

在这幅16世纪的彩饰画中，穆罕默德二世于1453年在其奥斯曼士兵的簇拥下进入了君士坦丁堡

另一种说法是，威廉对撒克逊人的防线进行了偷袭。因为紧张的战斗和巨大的消耗，战斗的双方一定都精疲力竭了——一种作背水一战的袭击比作多次冒险的撤退更加明智。总之，不管当时威廉究竟使用了什么战术，有一点是肯定的，那就是他们战胜哈罗德的决心并没有起多大作用。哈罗德仍然站在山顶上，蔑视山坡下的敌人，因为整个战斗的主动权仍然在他手里。

一箭定乾坤

任何时候，不论是在战场上还是在战斗开始前，一支军队的凝聚力都取决于它的士兵们是否知道他们的指挥员们就在岗位上。指挥员在岗位上这一事实会鼓舞每个士兵的斗志，因为他知道他的指挥官和他共命运。反过来，如果指挥官死了或者离开了战场，那么战斗很可能从此走向失败。关于这一点，在中世纪的这场战争中，得到了无可辩驳的证实。

白天过去了，对威廉的部队形成的威胁更加迫近了，这时，威廉发起了最后一次强大的进攻。他指挥所有的队伍向山上冲锋，他的射手们射出了密密麻麻的像暴风雨似的利箭。他的士兵们知道，撤退，就如同在陌生的土地上漫无目的地打猎，是不会有好结果的。于是他们用破釜沉舟的决心进行战斗。就在这场最后的交战中，威廉的运气来了。一支箭飞过了撒克逊人的盾牌，扎进了哈罗德的眼睛。当这个大军阀挣扎着要拔箭时，他周围的铁的防护墙动摇了。诺曼底武士冲入他的卫队，哈罗德被砍倒在地。由于这一偶然事件，战役就此决出胜负。本来，双方互相厮杀，不分高低，几乎陷入僵持状态，哪一方都不缺乏勇猛和武艺；本来，哈罗德有着卓越的指挥才能，又

诺曼底持续地袭扰撒克逊人的"盾墙"，并向落马的撒克逊人投掷标枪。巴约（法国）挂毯局部

挑选了有利地形，为自己创造了战胜威廉的优势，但最终，哈罗德未能扭转他自己死亡的命运。当这一可怕的消息传开时，溃退开始了，随着诺曼底人对溃逃的撒克逊武士的追击，溃退就变成了一团混乱。命运真是会捉弄人，就在几个小时前，诺曼底人还在为自己的命运提心吊胆呢！

在这一天，命运之神起了极为关键的作用，威廉理所当然地对上帝感谢不尽。他下令在战场原址上修建了一座修道院，时至今日，修道院的废墟仍依稀可见。据传说，修道院的祭坛就建在当年哈罗德倒下的地方。威廉认为自己交上了好运，他不失时机地利用自己的优势，迅速向英格兰王权的象征地伦敦进军。撒克逊王朝的命运和哈罗德的命运紧紧相连，当哈罗德不复存在时，许多反抗也就不复存在了。威廉仅仅赢得了一次战斗，竟然获得如此巨大的报偿，真是令人惊奇。不过，还是有许多撒克逊人一致认为，必须坚决对北方人的入侵进行抗争，这种抗争必定是旷日持久的。

君士坦丁堡攻坚战，1453 年

君士坦丁堡（Constantinople）战役使君士坦丁堡城陷落，使罗马的最后一个皇帝丧生。历史上很少有像这次战役一样，对其后的历史产生了如此深远的影响；历史上也很少再见到这样的聪明才智，凭借这样的聪明才智，摧垮了历经千年攻击的防御工事。

穆罕默德二世，土耳其苏丹，君士坦丁堡的征服者。他的这幅肖像，署名希南·贝（Sinan Bey），约作于1475年，现藏于伊斯坦布尔的托卡比（Topkapi）宫博物馆

在这幅16世纪的彩饰画中，穆罕默德二世于1453年在其奥斯曼士兵的簇拥下进入了君士坦丁堡

君士坦丁堡被认为是第二个罗马。当古城罗马在5世纪落入异族人手中时，正是君士坦丁堡这座城市成为人们关注的中心。大家极力维护它，维护这个罗马帝国的文明之宝。

固若金汤的神的城墙

罗马城的最后一个罗马皇帝被谋杀很久之后，君士坦丁堡还有一个罗马皇帝仍然统治着，并在君士坦丁堡建起了基督世界里最大的教堂——圣索菲亚教堂，它的巨大的穹顶上饰满了闪亮的金色马赛克。多少世纪过去了，君士坦丁堡的声望因其财富而高涨起来，这些财富是从无数的在欧亚旅行、经商的商人那里弄来的。因为君士坦丁堡位于东欧南端，控制博斯普鲁斯海峡，它分隔亚、欧，并连接地中海和黑海，地理位置十分特殊，是这些商人的必经之地。这样一个城市竟然被征服了，简直不可思议！

一千年来，君士坦丁堡抗击了异族人和外国军队的入侵。这个城市最先建于5世纪。它的高大的城墙前有60英尺（18米）宽，30英尺（9米）深的护城河，河的后面就是约30英尺高，7英尺（2米）厚的城墙，城墙上有96座塔楼按固定的间隔分布于该城的靠陆地的西侧和靠海的两侧，也就是说，该城大致呈三角形。在这些外城墙的后面是更为高大的内城墙，内城墙厚16英尺（5米），高40英尺（12米），再次配置了96座塔楼。在5世纪，当匈奴王阿提拉（Attila）同一群异族人策马奔向君士坦丁堡时，他经过反复考虑，还是改变了作战目标，奔向了较易攻打的其他地方。因此，许多人把君士坦丁堡看成是受神亲自保护的城市是毫不奇怪的。

到了15世纪，罗马皇帝，或称为拜占庭皇帝的权力大大地衰弱了（所以叫拜占庭，是因为他们说希腊语而不是说拉丁语）。几支奥斯曼土耳其人的队伍已经走出中亚，征服了亚洲的所有其他王国，并横渡博斯普鲁斯海峡，进入欧洲。在那儿，他们大肆掠夺巴尔干人的领土。但是，这些土耳其人根本不想攻打君士坦丁堡的巨大的城墙，而是让君士坦丁堡在一片穆斯林海洋中变成一个基督之岛。直到苏丹王穆罕默德，一个女奴的儿子，有了异想天开的念头，主张征服这最后一个基督城堡。他的父亲觉得这个想法实在狂妄、荒唐。当他的父亲死后，穆罕默德年仅21岁时，成了苏丹王。他的最大野心被人们美化为结束一千年罗马历史的武士精神。

穆罕默德精心地为这次战役做了准备。1452年，他下令在博斯普鲁斯海峡的欧洲一侧，也就是在君士坦丁堡的北面，修建一座城堡，叫做鲁梅利·希萨尔（Rumeli Hisar）。今天，这座城堡仍然耸立在那儿。而且非常了不起的是，它不是几年而是几个月就建成了。君士坦丁堡皇帝，一

君士坦丁堡攻坚战，1453年

1453年承受轰击的那段城墙

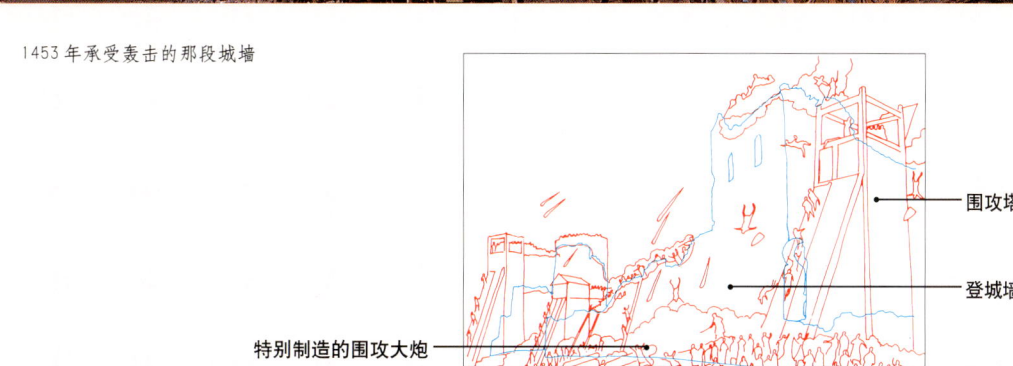

围攻塔
登城墙
特别制造的围攻大炮

君士坦丁堡攻坚战，1453年

个叫做康斯坦丁十一世的希腊人对侵犯他的国土的行为提出了抗议。穆罕默德把皇帝派去的使者统统杀掉。他的入侵的野心已昭然若揭。于是，康斯坦丁派人送信给意大利，请求罗马教皇和威尼斯人带领一支十字军部队前来援助。与此同时，他下令加固城墙，要他的人民做好受包围的准备，努力囤积食品，并把地下巨大的蓄水池灌满。

但是从意大利来的只是区区可数的几条船，运来了几百个士兵，以保护他们的商人在君士坦丁堡的商业利益。到1453年，君士坦丁堡的整个防御力量仅仅约为8000人，其中大部分是皇家卫队的希腊人或者是从市民中征召来的，其余的则是意大利雇佣军或是从热那亚和威尼斯来的海员。

到了春天，奥斯曼土耳其军队已有将近16万人，这和君士坦丁堡的防守力量的比是20∶1，大大地超过了守城部队的数量。土耳其军队由土耳其和欧洲士兵两部分人组成，许多人是从巴尔干人中征集来的，其优秀分子被称之为土耳其禁卫军——欧洲奴隶。他们是从虔诚的穆斯林中招募的，他们作战勇猛，忠于苏丹王。除了这些骨干分子外，苏丹王还组成了一支约90条战船和200门大炮的船队。炮兵是穆罕默德军队的骄傲和荣誉。随着他们战斗力的提高，他们使用大炮的机

1520年出版的一幅图中的君士坦丁堡。图右边是金角湾，那道用一条铁链保护着的狭长的海湾。在图的底部是在曾属于最后一个拜占庭皇帝的宫殿的废墟上建起来的苏丹宫殿

君士坦丁堡攻坚战，1453年

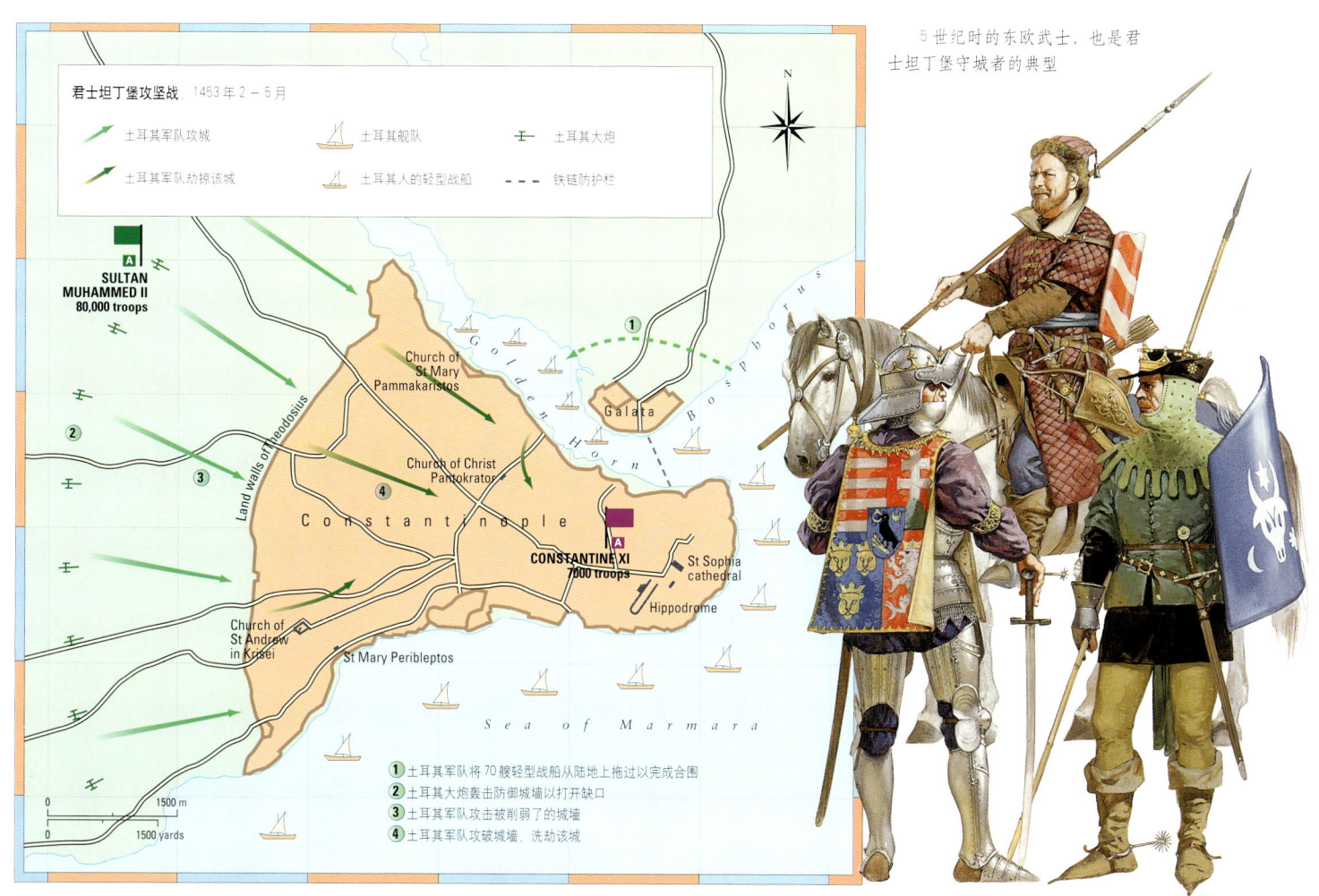

会也就越多了。为了这次围城，穆罕默德下令用8英寸（20厘米）厚的黄铜铸造了一门巨型大炮，炮管将近27英尺（8米）长，试射时，它射出的炮弹重达1340磅（608公斤），射程超过1英里（1.6公里），落地时穿透地面6英尺（2米）深。

围城开始

1453年4月2日围城开始。苏丹的船只绕这座城市的海上城墙集结，以阻止任何增援船只进入。君士坦丁堡的市民为防止苏丹船只进入城市北面的海湾金角湾，他们在入口处拉了一条粗大的铁链。尽管土耳其战船企图猛烈冲撞铁链，它仍然牢不可破。

4月6日，一场猛烈的炮击开始了。200门大炮每天每门发射100次。铁石炮弹把古老的城墙和地面的砖头、石块炸得粉碎。守城的部队在轰开的缺口间来回奔跑，把瓦砾碎石扔到城下，对受损部分连夜进行修复。军事保卫由拜占庭皇帝康斯坦丁和一个意大利贵族乔万尼·朱斯蒂尼亚尼·朗哥(Giovanni Giustiniani Longo)组织指挥，这位贵族对包围战颇有经验，而且他还统领了一支700人的私人军队。

两星期后，一段陆地城墙在无情的炮击下裂开了，石头被炸得粉碎。穆罕默德下令朝这个地

君士坦丁堡攻坚战，1453 年

段猛攻。夜里，土耳其武士爬过瓦砾堆，冲向希腊和意大利士兵，但希腊和意大利士兵们并肩作战，把入侵之敌赶了回去。据说，在这次夜间袭击中，土耳其士兵死了两百个，但没有一个是基督徒。

几天后，战斗的进展给守城方带来了希望。三条印度战船和一条满载玉米的拜占庭运输船驶进城市的视野内。土耳其战船一齐向它们开去，料想会轻易地降服它们。可是风向有利于意大利人，风把船只吹向城市，而使土耳其人难以前进。当土耳其人最后赶上了意大利人时，意大利人再一次占了便宜：意大利人的船只比土耳其人的战船高大，因此意大利人能够用弓箭和标枪朝土耳其人投射。穆罕默德在岸边观战，由于取胜心切，骑着马一头冲向水中。

看到自己的统帅在观战，土耳其的海军将领亲自率领他的战船攻打意大利船只，但他们的炮弹不顶事，意大利人用雨点般的弓箭进行反击。当土耳其人企图登上敌船时，意大利人挥舞刀剑朝土耳其人的头、手砍去，使他们上不了船而纷纷掉入海中。这时拜占庭的食品船处于被迫同其他船只隔离的险境，于是意大利人把四条船拴在一起，形成了一个巨大的浮动城堡。可是在城墙上的守卫者们仍然很担心；因为兵力对比的悬殊，一时被困在博斯普鲁斯海峡中的海员们终将会被他们的对手打败。但就在此时，风力不断增大，浮动的堡垒朝金角湾移动，一路上撞碎了许多较小的土耳其船只。入夜，守城部队放下了巨大的阻隔铁链，让这四条船进入海湾。守卫方的士气因而提高了。但这些小小的胜利对解决粮食短缺、守城兵力不足等严重问题起不了多大作用。穆罕默德也越来越心急了，围城的每一天和被困的城市一样也给他自己的军队带来了压力。士兵们需要给养，但周围的土地像沙漠一样，因为拜占庭的居民把最好的食品都留给了他们自己。钱从战争金库中流出，但得到的回报很少。穆罕默德急需显示他的围城战略的威力，如果这种威力尚未呈现的话，那么他需要亲自把这种威力创造出来。于是他命令成千上万的士兵修一条路从博斯普鲁斯通到金角湾，同时铸造车轮，在路上铺上铁轨。接着他下令把 70 条战船抬上岸，装在这些轮子上，每条船由数以百计的牛和人拉着，缓慢地但却有效地通过陆地，向海湾进发，最后放入君士坦丁堡的攻不进的海湾中。守城的士兵目睹这一切，简直目瞪口呆，不知所措。

穆罕默德现在就在海湾内部进攻希腊和意大利船队及海湾北面的城墙。所有被俘的希腊和意大利水兵统统在岸上游行示众并被处决。为了报复，拜占庭人也让土耳其俘虏游街并砍下他们的头颅，其用心不言自明，也就是说，绝无宽容的余地。君士坦丁堡的市民只好抵抗到底，但预兆不佳。到 5 月中旬，食品不断减少，在金角湾甚至连鱼也捕不到，因为土耳其战船在城墙外巡逻。

5 月 28 日，城墙外面的土耳其营地显得出奇的寂静。一些城内的市民竟然异想天开地以为穆罕默德快要走了。但恰恰相反，苏丹王已经命令他的士兵们作好准备，进行最后一次大规模的进攻。穆罕默德集中了所有的武器，补足了炮弹和弓箭。土耳其部队万事俱备，正在休息中。第二天一清早，一阵可怕的刺耳的声音响彻城墙上空，

君士坦丁堡攻坚战，1453年

右图：围攻君士坦丁堡的奥斯曼骑兵，他们头戴不同的头巾和帽子以标明其身份地位并明示其所属单位。此图取自罗马尼亚的摩尔达维塔(Moldovita)修道院内的一幅壁画，约绘于1537年

左图：土耳其大炮轰击君士坦丁堡的古城墙。穆罕默德正是通过在围攻中大量使用大炮在削弱拜占庭的防御方面起到了关键的作用。J·H·韦尔达(J·H·Valda)所绘的一幅画中的局部

土耳其军队的鼓号声宣布了第一轮进攻开始。而在城内，匆忙组织起来的队伍，随随便便拿着什么当武器，靠着城墙，挤在一起，这些就是城内可供调遣的武士。后来，他们爬过石头，直达城垛，把移动塔推向城墙，并把梯子靠在一堆堆的砖石瓦片上。朱斯蒂尼亚尼正忙着巡查防御工事，他身穿盔甲，挥舞刀剑，劈刺土耳其人。其他守城士兵则投射弓箭、石头和装着"希腊之火"的瓶子。"希腊之火"是一种油和化学药品的混合物，相似于燃烧弹的液态火。

尽管土耳其人的第一轮进攻是凶猛的，但仍然被打退了。这也是穆罕默德早就预料到的。第一轮进攻仅仅是为了消耗守城部队的力量，这个目的已经达到了。穆罕默德紧接着又派来第二批土耳其士兵，他们战斗得更加艰苦、持久。可是拜占庭人仍然守住了他们的城垛。死亡和被征服的恐惧迫使拜占庭人更加能忍耐，使他们期望做出更好的战绩。这时，穆罕默德开始怀疑起自己来了，他因此变得怒火冲天。他命令他的最后一批忠诚的骨干分子，土耳其禁卫军向城墙挺进。随着鼓声，禁卫军冲向一堆堆砖头瓦砾，同守城士兵厮杀拼打。这些人已经持续五个小时不停地进行战斗。突然，一发炮弹重重地打进了朱斯蒂尼亚尼的胸膛，他随即倒到了地上。康斯坦丁国王本想让他的尸体留在城垛上算了，但朱斯蒂尼尼手下的士兵坚持要把尸体移走。当朱斯蒂尼亚尼的尸体及其追随者们离开城墙时，其他守城士兵的士气在敌方进攻的压力下垮下来了。土耳其禁卫军冲过城垛，许多拜占庭人逃离城墙，回到家里和家人守在一起。城墙，连同整个城市的希望完全被摧垮了。此时，康斯坦丁国王已深切感到，重组防守力量已经没有任何意义了。但他也不想束手待擒，于是他和他的亲信们冲进进攻方的武士群中，战斗到最后，直到被杀死。对这最后一位罗马皇帝来说，这也是一个很值得的结局。

有些市民费尽周折，好不容易在金角湾爬进船舱，躲过了土耳其船队。但大多数市民成了这一天掠夺、奸淫、屠杀的牺牲品。穆罕默德允许他的部队进行疯狂屠杀。这一天结束前，穆罕默德骑着马，进入这座恺撒帝王们的城市，并走进了圣索菲亚大教堂。从此以后，这座大教堂就成了清真寺。

今天，作为苏丹王胜利象征而修建起来的大尖塔分布在6世纪建立起来的拜占庭穹顶教堂的周围。当年被穆罕默德攻破的许多残余城墙仍然作为他的功绩像纪念碑似地存在着。

但有件东西并没有留下，那就是这座城市的名字：君士坦丁堡。这个曾经是最伟大的基督徒的要塞，已经变成了穆斯林王国的首都，因而它的名字也就失去了基督教的含义而变成了伊斯坦布尔。

长筱之战，1575 年

日本将军织田信长（Oda Nobunaga，1534-1582年）将他的步兵组织起来，让他们轮流射击，这样形成的齐射摧毁了敌方骑兵的冲锋。这较之西方战争中训练有素地使用火器要早数百年。

在日本，16世纪是一段残酷的内战时期。人们相互间为获取权力而征战——君主对君主，氏族对氏族。甚至和尚组成的宗教团体也将军队投入战场以抗击武士，即那些掌握了完善武术技能的骑士。在这个中世纪封建社会的纷纭乱世之中出现了一项新的发明，一种武器，它就像在世界的另一边改变了战争一样地也改变了日本的战争。这种新的武器便是火枪。而最好地展示了火枪的摧毁性威力的便是1575年的长筱（Nagashino）之战。1542年，一艘载着葡萄牙商人的船在西太平洋上驶入一场风暴之中，惊涛骇浪使船偏离了航线，最后葡萄牙人发现自己在种子岛搁浅了，这是与日本最南端的九州岛的海岸相隔一段距离的一座小岛。当他们涉水走向海滩时，受到当地居民的围观，这些身着黑色衣服，手拿奇怪武器的水手引起了岛上居民莫大的恐慌，因为葡萄牙人是最先踏上日本土地的欧洲人。

像雷电般地爆炸

一个日本目击者这样描述葡萄牙人手中拿着的这种新武器："一件两三英尺长的家伙，外表平直，内有信道，是用很重的物质做成的。在它的侧面有一个孔，这是炮火信道。它产生的爆炸就像闪电一样，而它发出的爆破声恰如打雷一般。"

葡萄牙人带来的武器被称为火绳枪，它是靠火绳发火的枪，比毛瑟枪要轻一些，因此不需要一个叉形支架来支撑它。日本人立即意识到了葡萄牙人的火绳枪的潜在威力，于是本地的军阀命令他的铸剑匠复制了这些枪。据说有一位金属工匠用自己的女儿作交换换得了一些有关制造火枪的更为核心的技术性细节的信息。在十年之内，日

一名日本武士，有些武士不愿采用新出现的火器，宁可选择他们传统的弓箭技艺

今天长筱城堡的遗址,位于图片中部的高地上,两条河流在此处会合。这是一处天然的坚固阵地,直接进攻很难拿下

本制造的枪开始出现在战场上,有一位军阀在给他的下属写的信中告诉他们"减少长矛的数量,让你们的最能干的人用枪。"

然而,正如在欧洲一般,并非每个人都欢迎火枪的出现。日本的武术高度发展,而且很多武士都曾花费许多年的时间来习练提高他们射箭和使用矛与剑的技艺。武士,正像西方的骑士一样,认为使用火枪是辱没他们的尊严,因为他们作为武士的声誉是建立在短兵相接的格斗中所表现出的英勇上的。他们觉得火枪应让那些社会地位比他们低的列兵来使用。让列兵使用火枪,意味着这些低级士兵不再仅仅是战斗中任人践踏的贱民了,而是一支可以依靠的力量。这些低级士兵的地位由此而得到的提升,也会起到提高他们的武士主人的地位的效用。意识到这一点之后,一些更有远见的军阀让他们的用枪的列兵穿上统一的制服,并开始将他们组织成一支有纪律的团队。武士则扮演了军官的角色,他们指挥着火枪手的队伍。这些新式军阀中最为机敏的一位便是织田信长,这个人将开始日本的政治统一进程。早在1549年,他就为他的部下订购了500支火枪。他知道重要的不仅仅是火枪——重要的是在于这些火枪是如何使用的,以及使用火枪的人是如何组织的。在这个过程中,他在日本的战争形态上发

长筱之战，1575 年

这是一个转折点，因为织田现在成了日本领头的权力人物之一了。他向首都京都进军，并将他的一位部下提升为将军，但斗争还远未结束。接下来是长达数年的反击争夺他权力的武士僧侣的斗争，他变成了新来的基督教徒的庇护者，他的士兵冲锋陷阵时高呼"圣母玛利亚！"

1575年，发生在日本中部美川（Mikawa）省的长筱城堡的一桩挑衅行为令织田勃然大怒。长筱城堡建在峭壁间的两河交会处的天然高地上，由一位叫作奥平贞正（Okudaira Sadamasa）的年轻武士替织田守卫。6月16日，这座城堡遭到武田胜赖（Takeda Katsuyori，1546–1582年）率领的一支军队的袭击。此人是武田集团的领头人物，他们在此前就一直与织田苦苦作对。起先，武田希望能用战船和围攻塔架将此城堡一举拿下，但奥平贞正英勇地保卫着这座城堡，武田遂决定围困该城。守城者仅有够吃几天的粮食，于是奥平贞正派出使者去向织田求救。有一个人成功地穿过了敌军防线，向织田汇报了情况，织田回复说他将带领一支救兵在近日内赶到。使者带着这个好消息返回，但却被武田截获了。武田告诉他说，如果他告诉守城者说救兵已经无望到来，最好还是立即投降的话，他们便可饶他一命。使者起了一场革命。

"挺住！"

1534年，织田信长出生在一个刚取得较高社会地位的家庭中。他的父亲是一个地主，他父亲花了十年的时间不断地扩大自己对日本中部的小和利（Owari）省的控制。织田17岁时，他的父亲去世了。而他则卷入了一场险恶的权力斗争中，他既要同自己的家庭成员又要同别的派系抗争。经过20年，织田完善了他的作战技能，而且有了自己的创新主张。在桶狭间（Okehazama）的战斗中，织田的兵力与敌人的兵力相差悬殊，几乎无望取胜。但他用稻草填在盔甲中，造成了一支假军队，接着便发起了一次突然袭击，并在这场战役进行到高潮时，砍掉了敌军首领的首级。这是一场堪与亚历山大大帝媲美的进攻，而且正如公元前331年亚历山大在高加米拉的胜利一样，

长筱古战场今天重新修建的围栏。在这道栅栏后面，织田信长的火绳枪手用他们的枪朝从树林中冲出的骑兵发出齐射

不情愿地答应了。为了确保他会传达这个假消息，武田将他绑在一个十字架上，周围是手持长矛的士兵，然后将十字架在城堡的雉堞前立了起来。这个使者深吸了一口气，朝守城的士兵高声喊道："在三天之内，你们就将得救。挺住！"立刻，武田的士兵便将长矛刺进了这个勇敢的使者的体内。但他的勇气给了守卫者以希望。

决战

织田征集了一支近40000名武士的军队赶到了城堡，他发誓要一劳永逸地粉碎武田集团。武田的军队还不到织田的兵力的一半，武田的近臣也劝他撤离。但武田想来一场决战，他的军队数量虽少，却是一支极为专业的队伍。武田军队的核心是一个令人生畏的武士骑兵的阵列，盔甲严整，刀枪林立，而织田的军队仅是一支非正规军。织田知道这两支队伍在素质上的悬殊差异，因此因势利导地做了战争准备。

他很好地选择了战场——离城堡1英里（1.6公里）的一条小溪后的高地。为了加强这个阵地，他用绳子和木桩筑成一个木栅围栏体系，他的士兵可以在围栏后防御骑兵的攻击。他还在栅栏上每隔一定的距离留下空隙，这样有利于反击。这些栅栏从那时起就一直不断地翻修，今天在长筱古战场上仍能见到。

织田信长已经巩固了他的阵地，现在他开始揣摩用什么样的方式才能最有效地发挥他的军队的战斗力？他约有3000名配备了火枪的士兵，但他知道，火枪装弹药很慢，而且射程很短，这就使士兵们很容易遭受骑兵的攻击。他让他的士兵立在栅栏之后，但他又下了一道指令，这个指令将织田推到了军火历史的前沿位置。他命令他的3000名强悍的火绳枪手的队列轮流齐射。这是世界上第一次运用这种轮流射击的进攻方法。许多武士被命令离开战马来充当射击队列的军官，并

在长筱之战严重削弱了武田的军事力量之后，织田信长的部下最终将武田胜赖逼得无路可逃，这是他自杀的场面

且为火枪手提供武力支持。其他的武士则掩护火绳枪手的侧翼。6月29日早晨，为了引发这场战役，织田在栅栏前布置了一支小的武士部队。武田上了钩，他将他的骑兵和步兵组织成分三批进攻的队伍。武田的武士们向前冲击。前一天晚上下了雨——于是，如同在250年后的滑铁卢一般——粘稠的泥泞减慢了武田的武士们的前进速度，武田原指望大雨能淋灭织田的火枪，但是火枪手们保持了火绳的干燥。由于淤泥的阻滞，骑兵的攻击并不是十分迅速，当他们朝溪边和栅栏前面冲去时，1000支火枪一齐开火，顿时身披甲胄的武士和战马在栅栏前纷纷倒下，乱作一团。那些还没被打倒的武士们催促他们的战马向前，但第二排齐射向了他们，当他们挣扎着想站起来时，第三排齐射又如雷霆般地射出了。这三排齐射击溃了武田的队列，并将其大部分部队歼灭。短暂的阴森可怕的宁静被战马和人的尖叫声打破，织田的第一排火枪手已经重装了弹药，再次射击，开始了第二轮的三排齐射。这种战法的效果是极具毁灭性。接着织田的武士们从栅栏的间隙冲了出来，向武田的残败零乱的队列冲去，用他们的矛和剑向敌人狂砍猛刺。

当长筱城堡的守军看出武田集团遭到了猛烈攻击时，他们冲出了城堡，从后方向武田部队进攻，从而发起了最后的重击。这场胜利是彻底的。许多武田集团的高层成员都在风暴般的火枪射击中被打死。正是武田的鲁莽轻率导致了这场灾难，但他自己却逃脱了，他仍然继续进行他的军事行动。然而，他的力量已被大大削弱了，而他再也不会对织田，这位几乎成功地将全日本统一在他的旗帜下的人物构成严重的威胁了。

到1582年织田去世时，每一支日本军队都至少为其三分之一的士兵配备了火枪。随着枪支和大炮的使用与日俱增，日本开始了一个建造城堡的时期。在这一时期，战争的优势已经转到防御的一方。织田不仅在政治上改变了他的国家，他也改变了日本战争的方式。

内斯比战役，1645年

利用山丘掩蔽而使敌方无法对其有准确的了解是议会军战胜国王的关键，国王因其侦察兵的失职而付出了生命的代价。英格兰变成了一个短命的共和国。

奥利弗·克伦威尔（1599—1658年），他在内斯比战役中指挥着议会军的骑兵。取自一幅署名凡·戴克所作的油画。克伦威尔建立起了军纪严明的"铁军"，兵士起先来自他老家东部的农村，他的家族在那里有微薄的产业。由于在战争中克伦威尔对议会派取胜所起的关键作用，他后来并不情愿地成了"护法官"，这一职位使他拥有广泛的权力

内斯比（Naseby）战役是英国内战中的决定性的一仗，也是三年多来，圆头党（议会派）和保王党之间斗争日趋白热化的结果。这次战役使英国国王失去了自己的王国，并且天意难违地失去了他的生命，而英国变成了一个共和国（尽管是暂时的）。

国王和议会

正如17世纪西欧的许多冲突一样，英国内战起因于对已建立的权威的挑战。信奉天主教的君主已不再为主要信奉新教的中产阶级所接受，国王查理一世和议会之间的关系已恶化为武装冲突。国王可以利用巨大的财力资源和职业军官的经验，可是议会虽然缓慢但却有效地建起了自己的训练有素的军队，即托马斯·费尔法克斯和奥利弗·克伦威尔所统率的新军（New Model Army）。正是这两支军队于1645年6月14日的早晨在英国的中心——北汉普顿郡内斯比村的西北约1英里（1.6公里）处发起了攻击。

一支隐藏的军队

1645年初夏，费尔法克斯率领他的新军向国王的支持者们所在的核心城市——牛津城进发。查理国王欲图将新军引离该城，而急于开战的费尔法克斯尾随查理离开了牛津城。双方都做好了作战准备，且迫不及待地要进行一场决定性的战役。

查理不能确定敌军的数量，他权衡着自己的处境。内斯比四周的小丘起到了隐蔽他的军队的作用，但同样也妨碍了他对敌军情况的准确了解。他派出了侦察兵，侦察兵回来报告说，只看到了很少的叛军。鲁珀特亲王，国王的专职军官之一，打算亲自去侦察敌情。他看见议会军的骑兵在自己的小部队前撤退。鲁珀特亲王是个性格冲动的人——一个典型的骑兵，勇猛而果敢——在他看来，这种迹象表明，敌军是一支已经丧胆的弱小的军队，只需一次强有力的打击就可以将其击溃。事实上，他所看见的骑兵是议会军的侦察兵，在四周的山丘里隐藏着一支13000多人的强大的议会军——比他自己的军队要多4000人。鲁珀特亲王返回到国王那儿，建议发起一场战斗。

查理很快把他的军队动员起来。4000名步兵形成核心，约5000名骑兵形成侧翼。按当时典型的方式，双方的步兵都由装备了毛瑟枪的部队组成，这些士兵再由装备了长矛的部队作掩护，以抵御骑兵的冲击。费尔法克斯以同样的方式排兵

查理一世（1600—1649年），英国国王，也是内斯比战役中王室军队的总指挥。在内斯比战役后的被囚期间，他仍然继续策划反对议会，这导致了在威斯敏斯特对他的"审判"，他勇敢地面对了行刑

右图：查理一世在内斯比战役之前拟定的作战计划。他的军队显示在该图上方，他们正准备向磨坊山（Mill Hill）进军。那种典型的将长矛兵和毛瑟枪兵相间排列的布局可以看得很清楚，还可看到布置在两翼的骑兵部队

内斯比战役，1645 年

布阵，他将骑兵置于侧翼，他还将号称"奥凯骑兵"的一个团隐藏在沿左翼一侧的树丛后。这类战事的目标在于：击溃敌军侧翼，合围中心，包围敌人，使之陷于混乱。鲁珀特亲王对这些战术十分了解，而且知道，夺得优势的要领在于迅猛的压倒性的攻击。在冲锋中，王室军队发现自己正沿着山坡往上向敌军进击。当费尔法克斯率军队越过山脊时，议会军的强大兵力显示了出来。

此时，国王及其部下怀疑起此次进攻的明智性。显然，被战场情势所激，鲁珀特亲王进入了一种"不战则死"的心理状态。他举起了宝剑在空中高高挥舞，指挥着他右翼的骑兵，率领着近2000人发起了一轮迅雷般的冲锋。

冲锋的骑兵

内战初期，王室骑兵凶猛无情的冲锋曾令人畏惧，但现在议会军已做好了对付这种攻击的准备。费尔法克斯把他的骑兵散布在战场上，他们通过骑马来达到快速移动的目的，但作战时，他们就下马用毛瑟枪射击，正如现在的特种部队所发挥的作用一样。这些骑兵会狙击敌人，利用树篱作掩护，攻击王室骑兵，并将许多人击落马下。上坡的方向也不利于形成王室军队冲锋的冲击力。等到王室军队冲进议会军的骑兵阵线时，他们遇

内斯比战役，1645年

到了一支受过站立作战训练的敌方骑兵。双方先用手枪射击，继而用剑杀入敌阵，双方凶猛地作战，都试图占据上风。

与此同时，在战斗的中心地带，王室的步兵已加入了总攻，并强劲地冲击着议会军的阵脚。一些议会军的骑兵觉得他们已经很成功地抵挡住了王室骑兵的猛攻，于是转过来帮助自己的步兵来对抗王室步兵。但鲁珀特亲王绝非善罢甘休之人，就在此时，他的个人勇气给这次战役带来了第一次大危机。

鲁珀特亲王重整了他的骑兵，召进他的后备队，领导了对议会军骑兵的第二轮冲锋。鲁珀特亲王"以难以置信的勇猛和狂暴的冲锋，"一家当时的报刊写道，"攻入并击溃了敌军左翼最右端的三个师。"议会军的骑兵瓦解了，此刻王室军队本可赢得战争。在议会军的中央受到压力，而左翼崩溃的形势下，鲁珀特亲王本可将其骑兵的全部力量转向中央，包围议会军，然而，在此关键时刻，那种得胜的骑兵所固有的任意行事的天性占了上风，王室骑兵不是进行局势控制和强调战场纪律，而是直追残敌，脱离了战场，去抢掠议会军1英里（1.6公里）以外的辎重车。等他们回到战场时，战局已变为不利于国王的军队，议会军转入了攻势。

当鲁珀特和他的骑兵沉迷于疯狂的劫掠时，议会军的步兵正经受着沉重的打击。斯基庞的兵团因友军的撤退几乎陷于孤立，他们站立着，抗击着阿斯特利爵士的步兵。双方的毛瑟枪近距离地相互射击，军官受伤倒地。面对查理的牛津部队的老兵，其他任何部队都会崩溃逃窜，但这是由坚定的新教徒组成的"布道祈祷军团"。他们勇猛地战斗是对信仰的考验。两百年后，在斯基庞兵团站立作战的地方，也是议会军遭受最大损失的地方发现了一个合葬的大墓。这个局部的战斗

战场今天的样子，从议会军据守的沿西贝托夫特（Sibbertoft）大道的防线向北望去。克伦威尔的"铁军"将越过这片旷野去追击撤退的王室军队

对议会军来说是这场战役的真正危机点。通过坚持固守，斯基庞兵团为费尔法克斯腾出了时间来调入他的后备军，并让奥凯骑兵加入了对阿斯特利的攻击。战役的焦点此时转到了右翼，在这里，克伦威尔指挥着他的"铁军"骑兵进行战斗。

向压力最大的地方集中

克伦威尔的"铁军"举着手枪，以有控制的速度行进，把对面的王室骑兵击退到了一边，并转而攻击位于中央的王室步兵。王室步兵建立起了令人生畏的防御；他们用长矛刺戳，用毛瑟枪射击，他们是查理的最优秀的追随者，绝不会让他们的国王轻易被击垮。费尔法克斯对这处最吃力的地方发起了密集的进攻。他的中军向前挺进，他的骑兵部队和左翼的残余骑兵开始靠拢过来，而克伦威尔的"铁军"更是凶猛无比。面临被包围的危险，王室军队退却了。但他们是边战边退的（近年来，在此战场地下所发现的毛瑟枪弹丸显示出王室军队当时被击退了2英里——约3.2公里的距离）。绝望的查理国王眼看着他最优秀的士兵被杀，若非被他的支持者们阻拦，简直想亲自发起一轮反攻。这种英雄行为为时已晚了。

当鲁珀特亲王最终在他发起胜利的冲锋后一个多小时返回战场时，他所看到的只是失败。一群王室步兵被包围着。仅仅几分钟时间，这些忠诚的士兵不是被杀，就是被俘了（在此发现的密集的毛瑟枪子弹表明他们遭受到了强大的压力）。鲁珀特骑马与他散布在北面的被击溃的残余部队会合。他最后一次试图重整他的部队，但费尔法克斯毫不留情，他集合他的部队以严整的队形重新开始进攻。骑兵开始狙击鲁珀特的队伍，议会军用手枪和毛瑟枪向被削弱了的正在撤退的王室军队射击，王室军队无力再战，他们被击溃了。

费尔法克斯命令他的骑兵不要去抢掠敌军的辎重车，而要去追击逃跑的敌兵。他希望这次战役能成为决定性的一战，使国王的军队无法重新集结。这天的下午和晚上，克伦威尔的"铁军"追

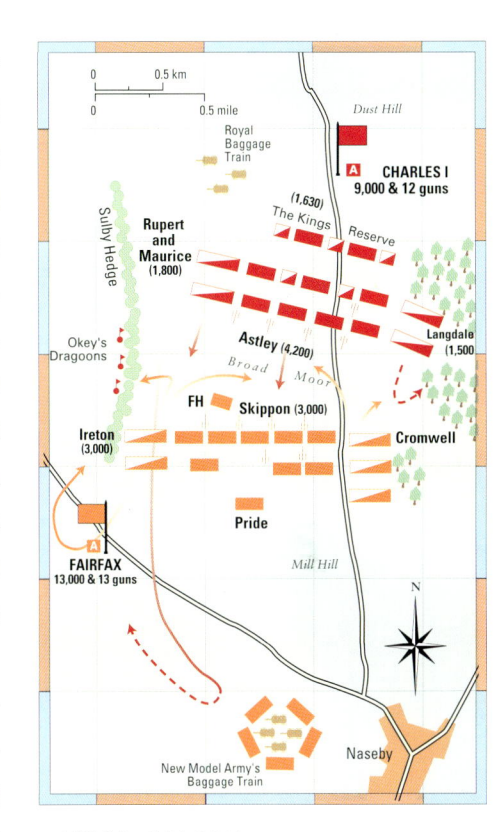

英国内战期间的一名典型的长矛手。取自一本1786年出版的版画。许多长矛手为了能灵活动作而舍弃了他们的盔甲

内斯比战役，1645年6月14日

- ■ 步兵
- ◣ 骑兵
- ♪ 小型骑兵
- ⅲ 火炮
- → 王室军队的进军
- → 议会军的进军

击了残敌。

王室军队彻底失败了。被俘的士兵超过了5000名。王室军队的大炮落入了议会军之手，就连查理的私人信件也未能幸免。尽管国王的力量被摧毁了，但直至一年之后内战方告结束。

滑铁卢战役，1815年

威灵顿公爵深知准备的价值。他了解布鲁塞尔南部的地形，
很好地选择了他的阵地。他统率的英国、德国、荷兰和
比利时联军在两座农舍旁对抗法军。

威灵顿公爵了解法国人。当年在半岛战争中，他作为英军的指挥官与法国人打过六年仗。他穿越葡萄牙、西班牙追击法军，直至最终越过比利牛斯山脉将法军逐回法国。他学会了对抗法国人的进攻性战术，他教导他的军队卧倒以避开法国人的大炮齐射，并命令他自己的炮兵使用葡萄弹来粉碎法国的骑兵冲锋和密集的步兵纵队。但他从未与拿破仑交过锋，而拿破仑是他那一代人中的最卓越的指挥官。

大雨和泥泞

这两位军事巨人是在滑铁卢（Waterloo）战役中最终相遇的——而战役的结果决定了欧洲一百年的命运。在1814年，很多人认为，法国与欧洲其他各国之间的战争结束了。拿破仑被强行流放到厄尔巴岛（Elba），并签定了一个结束敌对状态的条约。但是这个拿破仑皇帝无法放弃他的征服欧洲的梦想，并从被囚禁的岛上逃跑了。他一回到法国，他的旧部就来到他的身边，而新近复辟的法国君主望风而逃。

在维也纳，四个伟大的国家——奥地利、大不列颠、普鲁士和俄国——集结了一百万大军来抗击拿破仑。拿破仑知道，他必须迅速行动，将他们各个击破，他攻入比利时，英国和普鲁士的军队正在那儿集结。后者于1815年初在比利时的利尼被拿破仑以其卓越的战术击败。之后，拿破仑派遣他的军队追击英军，迫使英军在比利时的卡特勒布拉打了一场无望的后卫战。看起来，拿破仑皇帝的战略天才似乎再一次地显示出了威力。但威灵顿，以布鲁塞尔为基地，正欲一试锋芒。

威灵顿深知准备的价值。他了解布鲁塞尔南部的地形，并很好地选择了他的阵地。他的军队由英国、德国、荷兰和比利时的军队组成，要在滑铁卢村外的原野上驻扎。凭借多年的经验，威灵顿也十分清楚他必须打一场什么类型的战役：一场防御战。他意识到这一点有两个理由。首先，他得到普鲁士指挥官格布哈特·冯·布吕克（Gebhard von Blücher）的保证说，只要他能阻挡住法国人，普鲁士军队就会前往援助；第二，他看出这是一种吸收化解法军进攻型战术的有效方式。而在战役前夕，第三个理由自动出现了。威灵顿的军队向滑铁卢的预定位置进军时，倾盆大雨从天而降。原野变成了沼泽，满是厚厚的湿陷的泥泞。这片泥泞使士兵不断滑倒，马匹行进迟缓，大炮沉陷。

弗朗西斯科·戈雅1812年所绘的威灵顿公爵（1769–1852年）。（在法国占领西班牙期间，尽管戈雅勉强保持着约瑟夫·波拿巴统治时期的宫庭肖像画师的身份，但正是他的那些描绘冲突中的野蛮暴行的画成了他这一时期最有名的作品。）在西班牙，威灵顿在将法国人从伊比利亚半岛逐出的战斗中取得了一系列的胜利。他对完善的后勤保障理解得非常深刻，这是他从印度战役中获得的经验

拿破仑·波拿巴（1769–1821年），由以历史肖像画闻名的保罗·德拉罗什绘制。拿破仑生于科西嘉岛，在那里他掌握了军事技能，这帮助他在法国大革命战争中跃升到了将军的军衔。1799年，当他从埃及的一场失败的战役中返回后——这场战役意在破坏英国的贸易——他夺取了政权并成了法国的独裁者

滑铁卢战役，1815 年

在霍古芒特 (Hougoumont) 的农舍今天的样子。它的厚实的外墙给威灵顿的精锐步兵卫队提供了一座临时的防守要塞

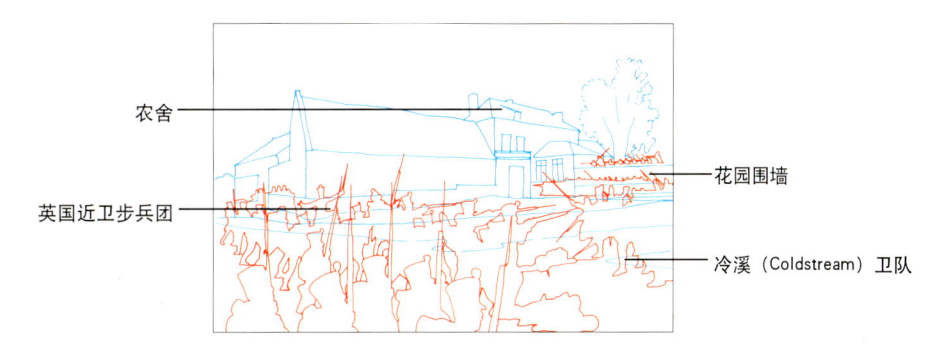

农舍
花园围墙
英国近卫步兵团
冷溪 (Coldstream) 卫队

滑铁卢战役，1815年

战役前的早晨

很多士兵记录了他们在抗击拿破仑的战争中的经历。其中最生动的一篇是第71高地团的一位无名士兵所记述的。他描述了滑铁卢大战前的几个小时的情景：

"整夜雨都未停。破晓后两小时，希尔将军下来了……之后不久，我们得到了半份酒，那是我所收到的最想要的东西。大雨使我浑身如此地僵硬、酸痛，以至于一段时间内我都无法自由移动。稍后，天气放晴，我们开始清理我们的武器，准备行动。对面的所有高地都布满了敌军。"

"当我们清理武器时，一个刚参军不久的年轻小伙子对我说：'汤姆，你是一个老兵，常常能幸免于难，这次也很可能幸免。我肯定，我会倒下的。''胡说，别丧气。''我肯定，'他说，'我最大的希望，只是当你回家时，告诉我的父母，我祈求上帝宽恕我曾犯过的罪过和我带给他们的悲伤。一定要告诉他们，我至死都在祈求他们的祝福和原谅。'我无言以对，但我尽力安慰他。他只是摇头，我说什么也无法改变他的信念。"

"那天晚些时候，这个年轻人被一发炮弹炸死了。"

1815年前后的欧洲步兵卫队。最左端，一名皇家卫队的老步兵。皇家卫队构成了拿破仑在1814—1815年的战役中所拥有的最有经验的部队

6月18日晨,雨终于停止了,太阳出来了,但并未发生拂晓进攻。泥泞阻止了所有的行动。显然拿破仑不会派遣他的士兵越过这样的天然障碍,而会等待地面干硬。可是威灵顿却趁机控制了有利地形。威灵顿的大队人马布置在沿战场全线的一条山脊的北坡上。这不仅使他的军队得以躲避炮火,而且也挡住了进攻的法军的视线,使他的军队能在距法军最近的距离内突然出现(这是威灵顿在西班牙时所擅长使用的一个战术)。威灵顿派遣了一些兵力占据了拉艾-塞恩特(La Haye-Sainte)和霍古芒特(Hougoumont)的坚固的农舍,以强化他的阵地;据守在那里的军队不仅保护了他的侧翼,而且能够粉碎法军的任何总攻。最后,威灵顿还十分清楚他的多国部队士气参差不齐,他把忠诚的英国和德国士兵布置在前沿,而将荷兰和比利时的军队置为后备军。

"皇帝万岁"

拿破仑终于在上午11点发起了进攻。正如一名棋手估量他的对手一般,他能够确切地看出,为什么威灵顿将他的兵力布置在霍古芒特的农舍里。于是拿破仑决定把这作为第一个进攻目标:他希望以此动作诱使威灵顿调出他的后备军来增援,而这将削弱英军的中央主力,使威灵顿的中央主力能够被突破。可是,这座农舍是一座异常坚固的建筑,墙壁厚实,士兵可以通过砖墙上的狭缝向外射击。守卫在这座临时堡垒内的是威灵顿的步兵卫队,它是威灵顿的精锐部队之一,他们以钢铁般的韧性坚守其中,挺过了一整天的战斗。这座其貌不扬的据点不仅没有把英军的增援部队牵引过去,反倒在拿破仑这位皇帝拿下它的决心中把越来越多的法国军队拖入其中。

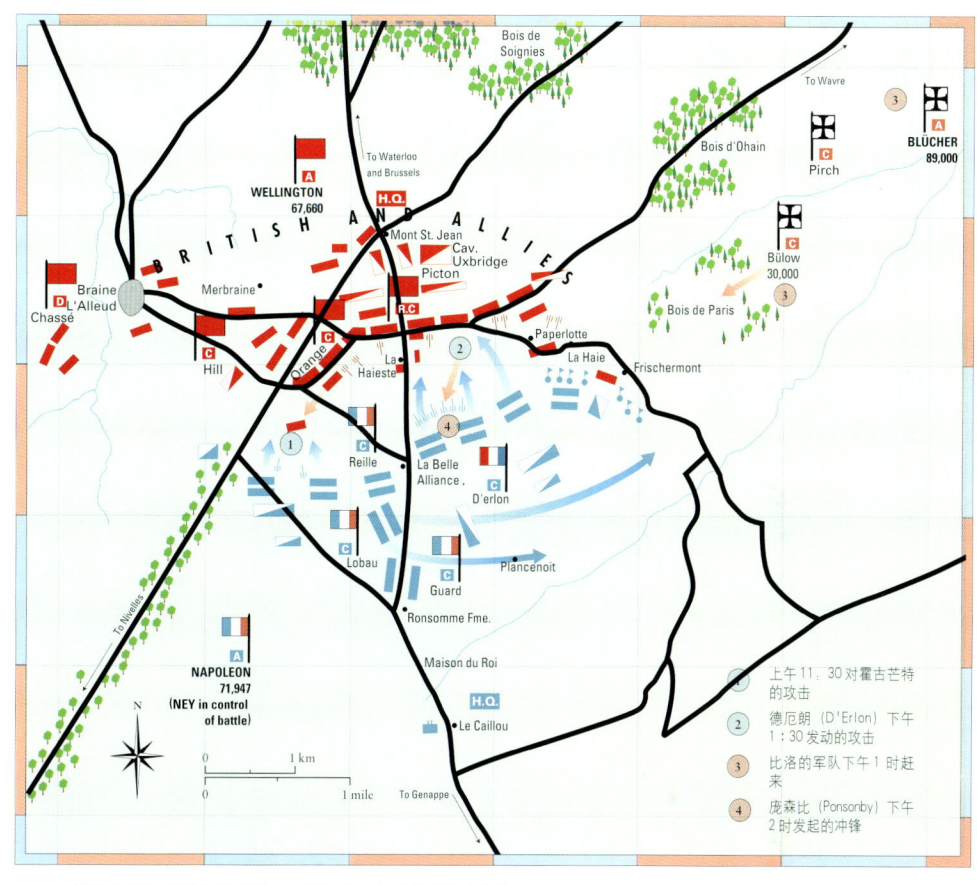

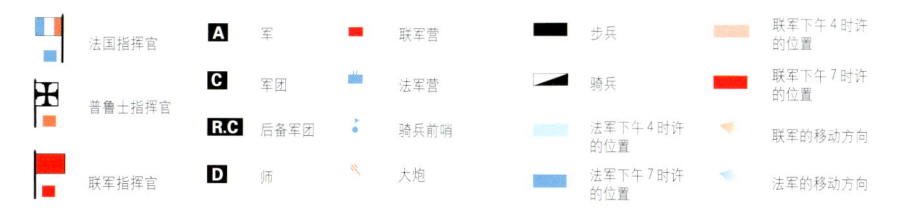

在霍古芒特的战斗持续进行时,拿破仑命令至少80门大炮向英军中央发起齐射。炮弹在空中呼啸,在地上弹跳、滚动,给挡路者以可怕的杀伤,使之身首异处,血肉横飞。这是士兵们最畏

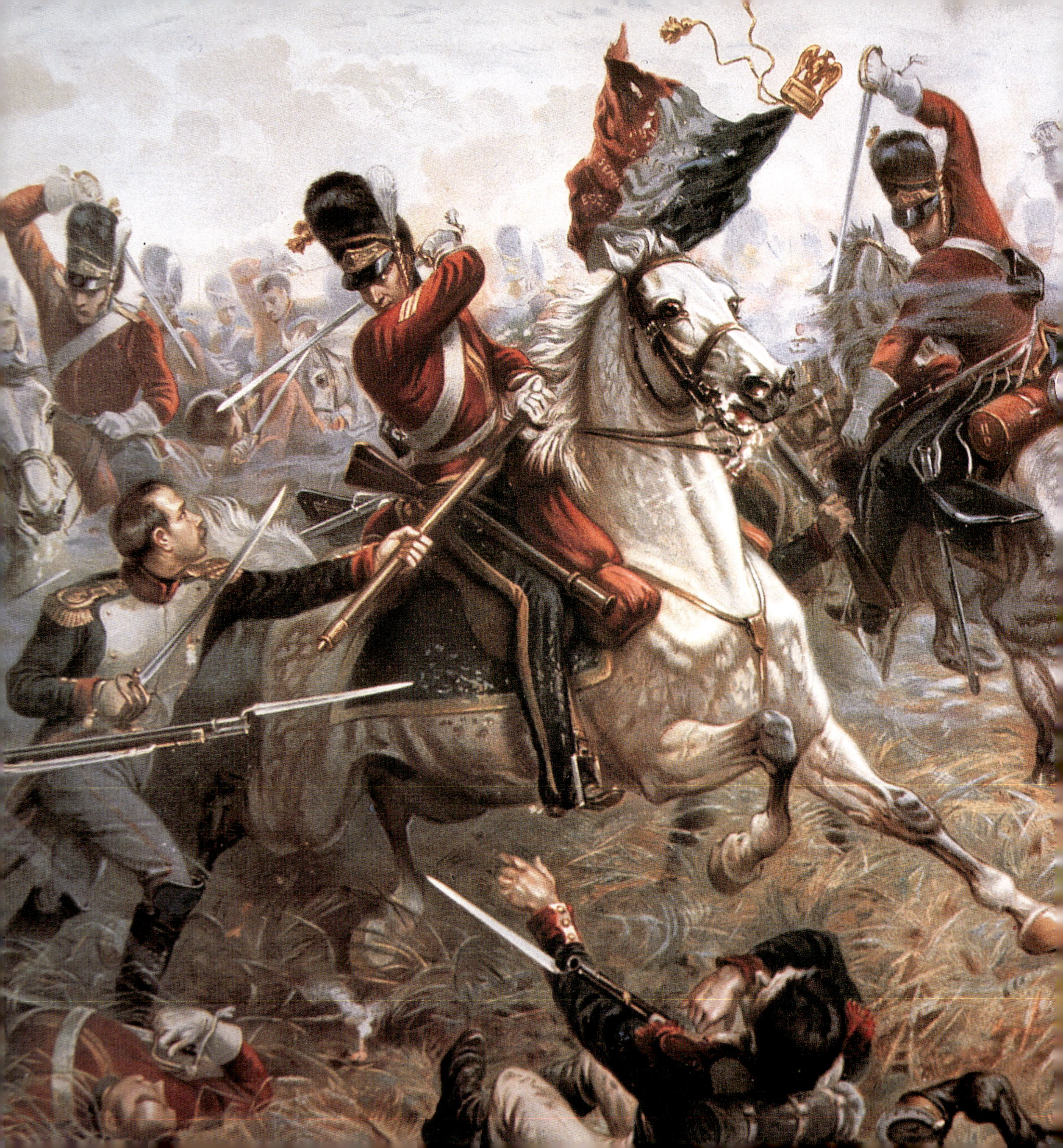

英军骑兵团的查尔斯·埃瓦尔德中士夺取法军第45步兵团的鹰旗的情景

惧的攻击阵势：当他们的同伴一个接一个地倒下时，他们所能做的只是原地等待。拿破仑就是依靠这种战术来削弱他的敌人，可是这次，威灵顿把他的主要部队布置在山脊背面。结果，尽管炮火齐射很有杀伤力，但其效果却未达到毁灭性的程度。这种轰击持续了近一个小时后，拿破仑命令他的军队列成纵队，高呼着"皇帝万岁"，随着鼓点，骄傲而信心坚定地行进。法军的阵形想必是令人望而生畏。

马上，两个英军的前沿阵地被夺下，法军纵队沿着山坡向山脊席卷而上。有一个荷兰-比利时旅，他们的士兵在刚刚过去的炮击声中神经已濒临崩溃，这时，望了一眼挺进的法军，掉头便跑。但是英国老兵们以前就见识过这种场面，他们只是站立着，相信他们的指挥官，当时机到来时，他们向前挺进越过山脊，并用他们的毛瑟枪近距离射击。他们刺刀上膛，发出令人血液凝固的呼号，向法军发起冲锋。随着两个英军骑兵旅的加入，法军被击溃，跑下坡去。

短兵相接

战斗变成了激烈的近身肉搏，士兵们用剑相互劈砍。骑兵团的查尔斯·尤尔特（Charles Ewart）中士也许是这天最出色的英雄。他抓住机会，夺得了一面法军团的鹰徽军旗，但这可不是一件轻而易举的事。他对战斗的生动描述显示了战场上的疯狂野蛮及残酷。"我是在那次冲锋中从敌人手中夺得鹰旗的，"他回忆道，"他和我激烈地争夺那面旗。他朝我的小腹刺来，我挡开了他的刀，朝他头部一劈，把他砍倒在地。这之后，一个手持长矛的轻骑兵朝我冲来，我将其长矛打在我的右侧，然后挥刀从他的下巴向上直劈到他的牙齿。接着，一个步兵向我开火，继而用刺刀向我刺来，我也幸运地避开了，然后，我沿头部将他劈倒。这样才结束了这场争夺。"

骑兵攻击

拿破仑未能击溃英军的中央主力，而此时又面临第二个威胁。冯·布吕克所承诺的普鲁士军队正向战场进发，这迫使拿破仑动用他的后备军，开辟第二前线，以保护他的右翼。战役进入了危险阶段，拿破仑将对英军作战的决断权授予了他的战场指挥官，米歇尔·奈伊元帅。奈伊相信，再发动一轮攻击便可打垮英军的斗志，因此他发起了一轮大规模的骑兵攻击。法国骑兵是当时技术最佳的骑兵之一，由各种各样的兵种：枪骑兵、轻骑兵和带甲兵组成。一队一队的法国骑兵涌上山坡攻击威灵顿的战线。但是英军迅速地形成方阵，用毛瑟枪和刺刀形成围墙来抵御包围着他们的骑兵。

方阵并未解除士兵们的恐惧。"相当多的法国铠甲兵出现了"，第71高地团的一名中士回忆道，"他们作为敌军出现，足以令人感到畏惧——他们没有一个人低于6英尺（1.83米），有钢头盔和胸甲防护……，我想我们没有一丁点战胜他们的机会。"但英军保持了他们的勇气，他们用毛瑟枪向骑兵发出齐射，弹丸打在骑兵盔甲上时发出一种

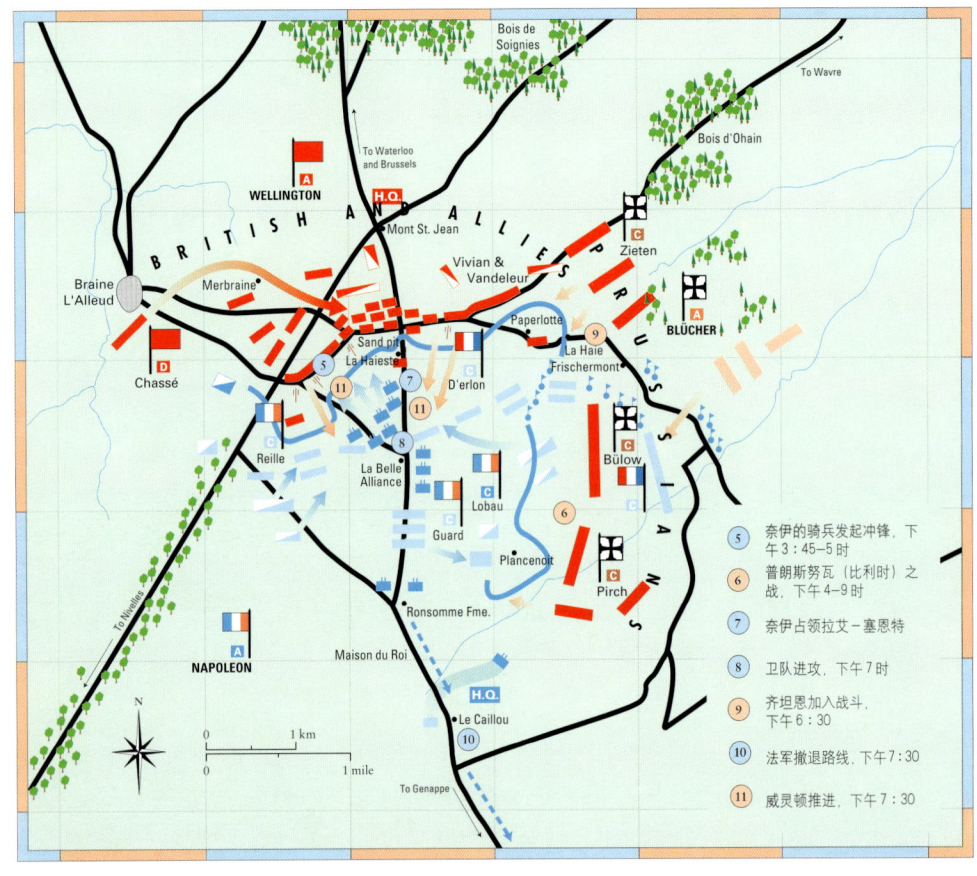

滑铁卢战役，1815年

此刻他们就可能威胁威灵顿的左翼。奈伊集结了步兵部队，并向拿破仑请求后备军支持。但拿破仑的后备军已经去保护他们自己的侧翼，抵御前来的普鲁士军队了。由于威灵顿的战线在法军的攻击下有所动摇，威灵顿投入了他的后备军。当夜幕降临时，红衣士兵们已恢复了他们对战场的主动权。英国人未被击败。

普鲁士人现在冲进了法军的右翼，形成了包围拿破仑军队的威胁态势。现在是拿破仑进行最后一搏的时候了：他命令老卫队前进。老卫队是拿破仑的精锐部队，这些老兵忠诚地跟随他转战欧洲，历经成败。他们是他最可靠、最勇敢的部队，他们的进军通常都是胜利的前奏。他们迈着坚定的步伐，向山上挺进，经过了正在燃烧着的霍古芒特的阵地废墟——它还在英军手中。他们一直沿着山坡向上行进，直至英军在山脊上站立起来。英军原先还隐蔽着的队伍正在等待着法军的纵队，这是最后的决战。

英军的毛瑟枪在滚滚浓烟中开火射击，毛瑟枪弹穿入蓝衣纵队中，老卫队的阵线动摇了。英军一次又一次地射出整齐的排射，摇撼着法军的纵队。在漫长而危险的一天结束的时候，拿破仑最忠实的部队，他的最后希望，终于无力支撑了，他们在英军的射击下瓦解了。威灵顿下令总攻，

滑铁卢战役，1815年6月18日：最后阶段：下午3时至晚7:30

图例：
- 法国指挥官
- 普鲁士指挥官
- 联军指挥官
- A 军
- C 军团
- D 师
- 联军营
- 法军营
- 骑兵前哨
- 大炮
- 步兵
- 骑兵
- 联军下午4时许的位置
- 法军下午4时许的位置
- 联军下午7时许的位置
- 法军下午7时许的位置
- 移动方向
- 撤退

图注编号：
5 奈伊的骑兵发起冲锋，下午3：45－5时
6 普朗斯努瓦（比利时）之战，下午4－9时
7 奈伊占领拉艾－塞恩特
8 卫队进攻，下午7时
9 齐坦恩加入战斗，下午6：30
10 法军撤退路线，下午7：30
11 威灵顿推进，下午7：30

如同冰雹打在屋顶上的声音。当面对坚定稳固的步兵阵形时，骑兵几乎束手无策。很多法国骑兵仅限于绕着方阵奔跑，徒然地挥舞着他们的剑和手枪。当英国骑兵发起反攻时，奈伊被迫撤回了他的骑兵。但正当战局看来对拿破仑无望之时，英军防御中的一个关键因素崩溃了。

在拉艾－塞恩特的农舍里，德国步枪手耗尽了弹药，被迫逃离。这座农舍被舍弃给了法军，而

右图：在比利时的卡特勒布拉，巴特勒夫人所绘的一幅油画。第28步兵团的士兵形成的方阵抵御着法国骑兵的攻击

他的部队呼喊响应,最终他们将拿破仑击退了。普鲁士人仍在猛攻拿破仑的侧翼,面对这种情况,拿破仑看出这场战役失败了。撤退最终变成了溃逃,英军骑兵涌过山脊,冲下山坡,一路追歼法军,直至离开战场。

滑铁卢战役是拿破仑最后的喘息。法国被二十多年的战争拖垮了。拿破仑被迫向英国人投降,英国人将他放逐到南大西洋上的圣海伦娜岛上囚禁起来。拿破仑一直呆在那里,仍然想密谋逃跑,直至他在六年后死去。英国和普鲁士成了欧洲占统治地位的强国。从此,欧洲有一百年时间未曾有过大范围的战争。由于拿破仑被击败了,英国得以全力地扩张自己,从而形成了这个世界上前所未有的大帝国。滑铁卢战役对每一个参战士兵来说都是一生中的一次特殊经历,他们每个人都得到了一枚纪念这场战役的勋章。威灵顿最终成了英国首相。

相反地,在滑铁卢阵亡的士兵则未受到礼遇,他们被埋进一个普通的、没有标记的坟墓里。直到该世纪末才建起了纪念碑,以纪念那些阵亡将士的英勇献身——其制高点是一个巨大的坟丘,坟丘上面有一头石狮,今天,这已成为这个古战场上最引人注目的景观。在坟丘上,参观者可以越过原野看到霍古芒特和拉艾·塞恩特的建筑,它们在威灵顿的保卫战中起到过至关重要的作用。在一个圆形建筑中有一张描绘这场战役的巨幅绘画。在滑铁卢附近的村庄,威灵顿曾用作总部的房屋现在成了博物馆,它是对欧洲历史上这一决定性时刻的纪念。

阿拉莫守卫战，1836 年

英勇的阿拉莫守卫者所处的劣势，加之戴维·克罗克特（Davy Crockett）的精彩的用兵，给发生在得克萨斯州传教点一带的战役蒙上了近乎传奇的色彩。

戴维·克罗克特（1786—1836 年）是一个边区居民，他于 1814 年在安德鲁·杰克逊的领导下同克里克印第安人作战，并因此出了名。1821 年他被选入田纳西州议会，并于五年后被选入国会

大约在 1836 年，得克萨斯州属于墨西哥。这片土地曾在 16 世纪被西班牙人所征服。在他们之后到来的是天主教的传教团，传教团修建起设有防御工事的传教点。在得克萨斯的首府圣安东尼奥矗立起一座特别漂亮的传教点，它有一个很好的石砌的门廊。这个传教点就是阿拉莫（Alamo），它是美国历史上一起最有名的抵抗到最后一刻的战斗的发生地。

为自由而战

1821 年，墨西哥从西班牙的统治下获得了自由。现在轮到得克萨斯的英裔美国人移民向墨西哥的统治者要自由了。于是在 1835 年，他们在州首府发动了起义。有若干年，阿拉莫传教点中止了其宗教中心的职能而用作了墨西哥军队的军事要塞。在城堡外的街道上，美国起义者迫使墨西哥士兵撤离，并夺取了阿拉莫。美国人现在有了一个抵抗中心了。墨西哥总统兼军队司令安东尼奥·德·圣安纳对这一可耻的失败大为恼怒，于是他立即带领一支军队前往镇压得克萨斯州的起义。

1836 年 2 月 23 日，圣安纳率领一支由 5000 名士兵组成的军队进入了圣安东尼奥。在阿拉莫堡垒中等待着他们的是约 200 人的得克萨斯的爱国者，包括男人、女人和小孩。他们当中有些人是得克萨斯本地人，他们聚集起来争取自由；而另外一些人是来自美国的志愿者，他们赶来帮助他们的同胞。在这些守卫者当中有一些传奇人物。戴维·克罗克特是一个出生在田纳西的边疆居民，他以高超的狩猎本领而闻名。在当时的绘画作品中，他总是身穿鹿皮制的衣服，戴着一顶浣熊毛皮的帽子。他也是一位成功的政治家，曾在国会中任期三届。当他第四届竞选失败后，他招募了十来名田纳西的志愿者开往南方加入到得克萨斯人的斗争中。詹姆斯·鲍伊（James Bowie）是一位冒险家，他娶了个有钱人，最后成了一位富裕的得克萨斯地主。他是一名勇猛的匕首斗士，他的名字逐渐同他所使用的那把巨大的弯刀联系了起来，尽管并不清楚到底是他还是他的兄弟发明了这种刀。在他的妻子和孩子死于一场流行的霍乱之后，他加入了得克萨斯的起义。在阿拉莫他和威廉·特拉维斯（William Travis）上校联合担任反抗力量的指挥。

这些得克萨斯人尽最大的努力加强这座传教堡垒的防御。在墙外修起了土木工事和围栏。在内部，小教堂里设有一座火药库，而在外墙后则筑起了齐胸高的矮墙，在矮墙上架起了加农炮。

阿拉莫守卫战，1836年

然而守卫者在数量上仍然与敌军相差悬殊。特拉维斯曾发出求救信，但他得到的惟一回应是从冈萨雷斯赶来的32名男子和男孩，他们穿过墨西哥防线赶来与守卫者并肩作战。一队墨西哥骑兵举着一面白旗，寻求尽快解决得克萨斯人抵抗的途径。两名得克萨斯人前往与墨西哥人谈判，并带回了圣安纳的条件，即无条件投降，要不消灭之。特拉维斯上校下令作出他的答复——从阿拉莫的城墙上射出一发炮弹。战斗开始了。

墨西哥人用壕沟和炮位包围了阿拉莫，开始对这个传教点进行持续的轰炸。他们试图日夜猛攻以夺取堡垒，但得克萨斯人不管白天黑夜都将他们击退了。得克萨斯的来自边疆的神枪手的射击特别有效。墨西哥人现在则着手围困，依靠他们的加农炮来消耗守卫者。作为回击，得克萨斯人则从堡垒中发起了数次袭击，夺取食物并焚烧墨西哥人的防线。3月3日，墨西哥人堵住了导水管，从而切断了对阿拉莫的供水。十天来，得克萨斯人顶住了一支强大的墨西哥军队的攻击，自己损失甚微。但现在看来，已不再会有援军，而圣安纳已急不可耐地要结束这场围攻了。特拉维斯上校集合了他的所有的守卫者，接着用他的剑尖在砂子地上划了一条线。"那些准备为了自由而牺牲生命的人，"他说，"到我这边来。"除一人之外，所有的

1836年的阿拉莫的布局图，显示出了这座设防的传教点的全貌，它有着坚固的围墙，并带有附属建筑

阿拉莫守卫战，1836年

守卫者都迈过了那条线站到了他的身边，甚至连詹姆斯·鲍伊——他正在受伤寒的折磨，只能躺在床上——也要求将他的病床抬到线的另一边去。

3月6日晨，太阳还未升起，阿拉莫的守卫者听到一个阴森可怖的声音。墨西哥的号兵正在吹响"总攻号"，一道对得克萨斯人杀无赦的命令。守卫者们飞快地起身朝堡垒城墙后的矮墙冲去。在黑暗中，他们可以看见一列的墨西哥士兵抬着登城云梯向城墙开进。得克萨斯人用毛瑟枪、步枪和手枪向墨西哥人倾泻着火力，将他们从云梯上射下去，迫使他们退回到他们的防线。墨西哥人重整队伍，再次向前挺进，得克萨斯人再次开火，将他们逼退。但得克萨斯人的弹药渐渐匮乏，而圣安纳仍坚持对城墙的争夺。第三次攻击

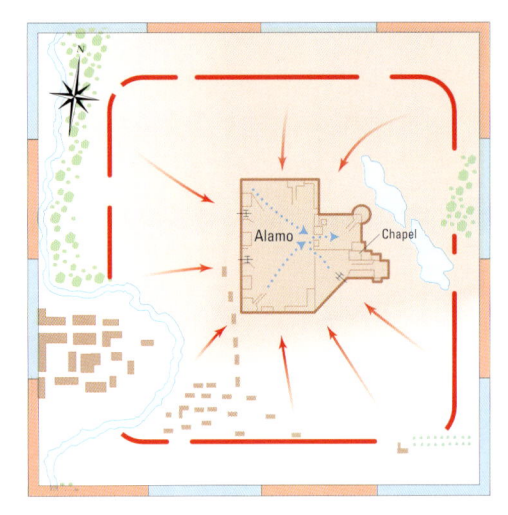

阿拉莫守卫战 1836年3月6日

→ 墨西哥人的包围圈
→ 墨西哥人对阿拉莫的围墙发起的最后一次攻击
→ 得克萨斯人撤退至小教堂，并在那里做最后的坚守

阿拉莫的陷落。这幅画展现了守卫者被墨西哥军队凭借绝对优势所压倒的一刻，戴维·克罗克特像使棒子一样地挥舞着他的步枪

开始了：这一次云梯靠在了城墙上，墨西哥士兵蜂涌而上，翻过了矮墙。迪金森夫人，一名守卫者的妻子，回忆那场激烈的肉搏战时说："由于时间短促，这些得克萨斯人无法为他们的炮和步枪装弹药，于是便使用枪托与敌人搏斗，他们一直战斗到因伤口流血过多而死去。"

特拉维斯上校站在城墙后的矮墙上，激励他的部属继续战斗，直到一颗子弹击中了他的脸，他从一门加农炮上跌了下去。墨西哥人从他身边蜂涌而过，冲进了堡垒。墨西哥人把得克萨斯人的加农炮拖进了堡垒，向教堂的沉重的大门轰击，守卫者现在就挤在门后。戴维·克罗克特像使一条棒子似地，挥舞着他的枪，他在教堂内被击倒，继而被刺刀捅死。詹姆斯·鲍伊还在床上，他挺起身来，用他的手枪向冲进他的房间的墨西哥人射击，接着他被墨西哥人开枪打死。只有迪金森夫人和其他14名非战斗人员逃过了这场屠杀。对堡垒的最后一次猛攻为时不到一个小时，但是整个围攻使墨西哥军队阵亡了约1600名士兵，而得克萨斯人只有182人被屠杀。

记住阿拉莫

圣安纳称围攻阿拉莫为"小事一桩"，而且立即将它的守卫者的尸体焚毁了。但是这场战斗的影响却才刚刚开始。这是一次对得克萨斯自由的英勇无畏的捍卫。不到两个月，又有一支得克萨斯反抗者的军队开始反抗圣安纳。这一次，在圣哈辛托战役中，仅800名得克萨斯人就击溃了一支兵力是其两倍的墨西哥军队。得克萨斯人呼喊的口号是："记住阿拉莫！"结果，圣安纳被俘。由于这次胜利，得克萨斯获得了独立。1845年，得克萨斯正式成为美国的一部分。

今天，阿拉莫仅存的便是那座有着著名立面的教堂。曾有一度，它被计划改造成一个旅馆。但在1905年，它被"得克萨斯共和国的女儿们"买下，并改造成了一座博物馆和纪念它的守卫者的圣堂。从那时起，阿拉莫的重要意义便在所有美国人的心中与日俱增，它标志着他们永不停息地从暴政下争取自由的热望。

进入阿拉莫教堂的主门，得克萨斯人将它封堵住并守卫到最后一刻，它被称为"得克萨斯自由的摇篮"。圣安东尼奥·德·瓦莱拉（Valera）教堂是1718年由方济各会的修士创建的。这座教堂——要塞于1883年被该州所购买，周围区域于1905年被增加进来。1936年开始了一项为时3年的修复工程

安蒂特姆防御战，1862 年

一条洼陷的路证明是南部邦联军理想的主要阵地。北军对防护良好的南部邦联军不断进攻成了可怕的大屠杀，使这次战役遗臭万年。

亚伯拉罕·林肯（戴高顶礼帽者）在安蒂特姆战场上。在他的对面站着麦克莱伦将军，他是北方联邦军的指挥官

美国南北战争中最血腥的一天使安蒂特姆（Antietam）成为闻名的地方：就如拿破仑时代的列队在杀戮场上衣着鲜艳的军团一样。19世纪下半叶，技术的发展改变了战场上力量与战术的平衡。战争不再有利于针对静止的、刻板的守方猛烈的攻击：改进了的枪炮、连发的步枪、更精确的火炮形成了摧毁性的火力面，这使得力量的天平倾向于以壕沟掩蔽的、防护良好的军队。有些指挥官费了不少时间才认识到了这个变化。

丢失的命令

尽管从战略优势说，当时的情况对南部的邦联军不利，然而，出人意外的是，南北战争却是以邦联军在与工业化的北方作战的连连获胜而开始的。在战争的第二年，1862 年，邦联军将军中最果敢大胆和最受人尊敬的罗伯特·E·李（Robert E. Lee）决定以一轮进攻性的战役来推进对北方的战争。李是一位拿破仑式的将军，他相信运动战，他善于运用机动的部队不断地打乱敌军的步伐。李统领着55000多人的北弗吉尼亚的军队，侵入北方领土，威逼华盛顿。他的对手是乔治·B·麦克莱伦（George B. McClellan），麦克莱伦率领着他的波托马克军队，约97000多人。

尽管对方兵力几乎是以二对一的比例超过自己，李还是分了兵。他派他的最得力的指挥官之一，斯通沃尔·杰克逊(Stonewall Jackson)，去攻占哈珀斯渡口以南17英里（27公里）的地方。这次行动发展成了一场围困战，所用的时间比预计的要长。接着李又发现他的部队散布得很开，而且被波托马克河所分割。麦克莱伦是一个谨慎

安蒂特姆防御战，1862年

的指挥官——也许考虑到北军先前的失败就容易理解了——但即使是他，想必也看到了将李的军队各个击破的有利性。这时，邦联军的战役命令丢失了，又恰恰被好运的麦克莱伦的军队发现，这就给麦克莱伦提供了邦联军的详细的计划和部署情况。此时发动一次迅速的、压倒性的攻击的时机成熟了，但麦克莱伦耽误了时间，使得李得以将他的军队在夏普斯堡镇附近集中起来。在最后一刻，杰克逊成功地攻下了哈珀渡口，并赶去增援李，但即便此时，邦联军也仅有45000人，却要抗击麦克莱伦的90000人。

当麦克莱伦正在犹豫下一步该怎么办时，宝贵的时机被轻易地放过了。邦联军被紧紧地困在夏普斯堡小镇附近，背靠无法涉渡的波托马克河。如果麦克莱伦处置得当的话，当时的有利战局完全可能实现他所企求的对邦联军的决定性的、粉碎性的打击，使之很难有逃脱再战的余地。但在麦克莱伦等待时，李将他的大部分军队集结在他的周围，加紧备战。他只能打一场防卫战和确保他的阵地前的地段是稳固的。安蒂特姆河形成了一个有用的障碍，保护着他的右翼，迫使北军只能从桥上或渡河攻击。在他的中左翼，李控制了一条低洼的道路，它成了一个临时的壕沟。只有他的最左翼是脆弱的。

9月17日上午，麦克莱伦终于有了足够的信心，他对数量微弱的邦联军发起了大规模的进攻。在黎明的晨曦中，一队接一队的蓝衣士兵向前挺进，去攻击李的防守最弱的地方——李的左翼。

库兹(Kurz)和阿利森在一幅石版画中所描绘的伯恩塞德桥的激战情景。左侧的北方联邦军正开进到南部邦联军的火力范围之中

57

安蒂特姆防御战，1862年

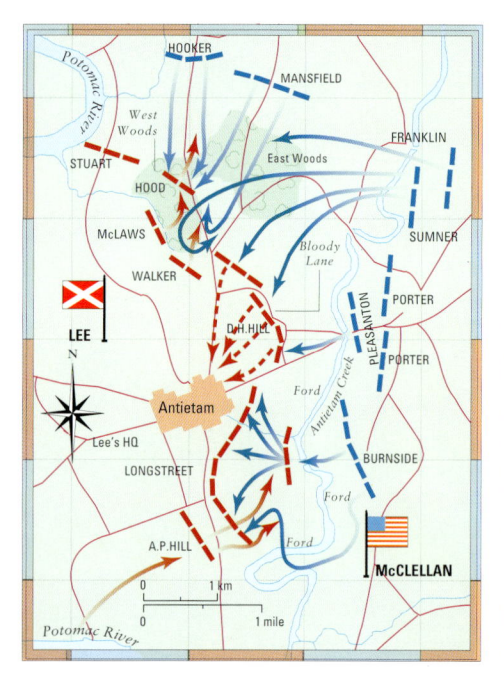

他们磕磕绊绊地穿过玉米田，陷入了邦联军的致命的枪林弹雨之中，损失惨重。毛瑟枪和步枪在朦胧而晦暗的清晨噼啪作响。邦联军在邓克尔(Dunker)教堂后的一个小树林中，坚守着阵地，与兵力占优势的北军对射。邦联军为自己有能力阻挡住北军的进攻而振奋，逐渐地将北军顶出了树林，迫使北军退回了米勒农场。

但是，这场战役不会如此轻易地取胜。北军通过另一片树林进行反攻，并将邦联军压回了教堂。鉴于战局进入僵持状态，李决定使用他的后备军，再做最后一次努力来保住他的左翼。如果此举不能成功，他的整个军队可能在防守阵地的后方被包抄。这是一场赌博，但也是一个将军运筹帷幄，知道如何调遣他的部队才干的表现。李派他的后备军在教堂附近作战，他们将北军置于毁灭性的交叉火力之下，左翼保住了。这迫使麦克莱伦在战场上另寻可以取胜的通路。结果证明，麦克莱伦的选择是他最大的错误。

血淋淋的通道

到了太阳升起的时候，麦克莱伦已经决定发起一次正面的攻击，以击垮李的中央主力。这个第一次世界大战中的将军做出这样的决定，表明他忽略了自己士兵的生命将要受到的威胁，这个决定的代价十分惨重。麦克莱伦的一队一队的士兵们，仅仅以携带的枪支护身，越过开阔的空地，向前挺进，去攻打邦联军的D·H·希尔的师团，而这个师团则排列在那条低洼道路的土墙之后。在这种情况下，进攻能奏效的惟一方法是进攻方拥有足够的勇气和兵力来承受掠过开阔地带时将要遭遇到的强大火力。北军二者兼备，但当他们逼近以壕沟作掩护的邦联军时，他们还是付出了惨重的伤亡代价。最终，北军凭借数量改变了战局。邦联军撤退了，但他们并未被击溃。北军军官希望得到增援，以图突破。但麦克莱伦未给他们一兵一卒，宁可将他的20000后备军留在战场之外。他的士兵的牺牲成了无谓之举。没有新增的援军，他的伤亡惨重的军队无法将进攻进行到底。进攻停滞了，战斗转移到了邦联军的右翼，这是李的防守最坚固的一方。麦克莱伦似乎正在自掘坟墓。

麦克莱伦又发起了通过伯恩塞德桥，越过安

上图：倒在大卫·米勒农场玉米田附近的黑格斯托恩(Hagerstown)路西侧的死尸。就在这里，当联邦军试图将邦联军从其防御据点中逐出时发生了激烈的战斗

蒂特姆河的攻击，意在形成牵制，以阻止李将所有的部队调往他的脆弱的左翼。但正像在滑铁卢一样——当拿破仑向霍古芒特的农舍发兵攻击时——这个意在牵制的战术演变为血腥的消耗战，战斗的双方都毫不相让。足有三个多小时，北军为夺取这座石桥而拼杀。最后，北军迫使邦联军离开了石桥，其他的北军士兵也设法在下游位置渡河。可惜到此时，北军已是精疲力竭，受到了重创。他们开始向夏普斯堡前进。这时，幸运给了李第一次转机。

邦联军的 A·P·希尔的师团本来驻守在哈珀渡口看守战俘，但在此关键时刻，他们回到夏普斯堡，插进了右翼的空虚部位，有效地阻止了北军的前进，对扭转战局发挥了很大的作用。麦克莱伦仍未动用他的作为后备军的20000人，取消了进攻。这是一个灾难性的决定，他拥有几乎两倍于李的兵力，却将取胜的机会轻易放弃了。他让自己陷入长时间的、消耗性的、对坚固的守卫阵地的攻击中，受效甚微。他损失了12400人。李的结果同样糟糕，他损失了13700个士兵。但李顶住了北军的猛攻，得以安然地撤离，可以继续战斗。

上图：一组炮兵倒在了邓克尔教堂的外边，此处为邦联军的左翼

下图：克拉拉·巴顿纪念碑。她被人称作"战地天使"，她在为欧洲的国际红十字会工作后于1881年帮助建立了美国红十字会

一次遭遇

南北战争时期，詹姆斯·奥斯汀·康诺利（James Austin Connolly）少校在北军的第123伊利诺伊步兵团服役。在一封写给他妻子的信中，他描述了他和一个邦联军士兵的一次遭遇：

"当我们骑马边说边走时，我发现了一个约翰尼（北方人称呼叛军的俚语），他在路的左侧，大概有四分之一英里远，躲在一道篱笆后面，正向那座山快速奔去。我踢着马刺，策马从路边围栏的一个低处跃过，后面跟着两名护卫。我们快速地越过野地，穿插过去。"

"这个叛军很快就发现跑也没用，于是他停了下来。我赶到他旁边，他伸出手来，好像要和我握手似的。他面无人色，像得了疟疾似地哆嗦着，而且一句话也说不出来。他是前天晚上从坦纳尔山附近他们团溜出来的，回家看了他的妻子。我们捉住他时，他正准备返回他们团。"

"我让他骑在马上，骑在我的一个护卫的身后，然后，经过他的家门口，这样，他的妻子可以看到他没受到伤害，并跟他说再见。可怜的女人，我可怜她，还有她的四个孩子。当她和孩子们流泪站在我们周围，恳求我们将这个丈夫和父亲留给他的无助的家人时……但我只能拒绝。我们带着俘虏掉头离开了，将这个小家庭孤零零地撇在群山之中……。这就是战争中的小悲剧，它让我觉得比那些大悲剧更为悲惨。"

葛底斯堡战役，1863年

对葛底斯堡（Gettysburg）周围地形的评估和夺取高地的数小时的犹豫不决导致了罗伯特·E·李将军和邦联军的失败。这也使他们失去了取得决定性胜利的最后机会。

南方诸州无法赢得一场持久战的胜利。如果战争成为了一场拼消耗、拼资源的战争，北方将会占上风。为了发动快速进攻性的战役来消除不利，取得均势，南方鼓励他们的统帅罗伯特·E·李将军入侵北方。但从1862年（参见安蒂特姆战役）的战绩看来，李并没有战胜北方的决心。由于时间正在消逝，并且为了激励一个欧洲国家来支持自己，次年，罗伯特·E·李率领他的北弗吉尼亚军再度进攻，以76000人的兵力威逼北方的首都。作为回应北方招募了115000名士兵，并尾随邦联军，以期像头一年一样，在南军分散时攻击他们。也许是因为惧怕重蹈安蒂特姆的覆辙，北军的将军乔治·B·麦克莱伦被替换为乔治·C·米德。南北战争中最大的一场战役的舞台已经搭好了。

越滚越大的战役

双方并不真正想打一场大战，但战事的发展却将他们拖入其中。罗伯特·E·李将他的骑兵用作耳目。他们通常向他报告敌军的确切位置和数量。可是在一次袭击中，他的骑兵被引开了。李得不到准确情报，只是模糊地意识到一支北军正在靠近他们。1863年6月，李决定将他的军队集中在卡什顿(Cashtown)。一队南军骑兵听说附近的葛底斯堡镇有一批邦联军急需的鞋靴，于是便出发前往强征这批供给品。当他们接近这个小镇时，碰上了北军侦察兵的前哨，双方交了火。邦联军没有撤退，而是坚持战斗，将北军逼回镇内。消息传开说，一场冲突正在升级，于是双方投入越来越多的兵力，在镇中交战。

到7月1日晚，邦联军已在街道上连续展开巷战，并将北军逐出了该镇。罗伯特·E·李认为如果邦联军能迅速移动，就有机会趁北军立足未稳而予以打击。罗伯特·E·李迅速地调动他的全部军队南下，以控制葛底斯堡镇。此时北军做出了一个迅速而有价值的决定。为了能在大部队前来会合前进行自卫，北军把自己的阵地放在一条俯视葛底斯堡镇的支脉高地上。米德将军当晚到来，他决定在此高地上立足。由于当晚没有行动，罗伯特·E·李未能发挥快速作战的优势。此刻，双方军队都预料到次日会有一场大战。

7月2日早晨，米德的北军从右翼的卡尔普(Culp)山，沿中部的公墓山脊，再到左翼的"小圆顶"，占据了葛底斯堡外的一段高地。李将部队与之相应地沿着高地的山脚散布开来，为了等待更多的部队的到来，李耽误了宝贵的时间。当李的兵力增加时，北军的兵力也增加了，更多的部

乔治·米德少将（1815—1872年），是波托马克联邦军在葛底斯堡战役中的指挥官。米德生于西班牙的加的斯，1835年毕业于西点军校，但却离开军队当了一名土木工程师。他重新入伍，成为地形工程师大队的一员，并参加了1846—1848年的墨西哥战争

罗伯特·E·李将军（1807—1870年），葛底斯堡战役中邦联军的指挥官。李也毕业于西点军校，参加过墨西哥战争，在美国南北战争前他成了西点军校的校长。他被公认为是美国南北战争中才干最为卓越的将军。这幅肖像是南北战争中的顶级摄影师马修·布拉迪于1865年在弗吉尼亚的里士满拍摄的

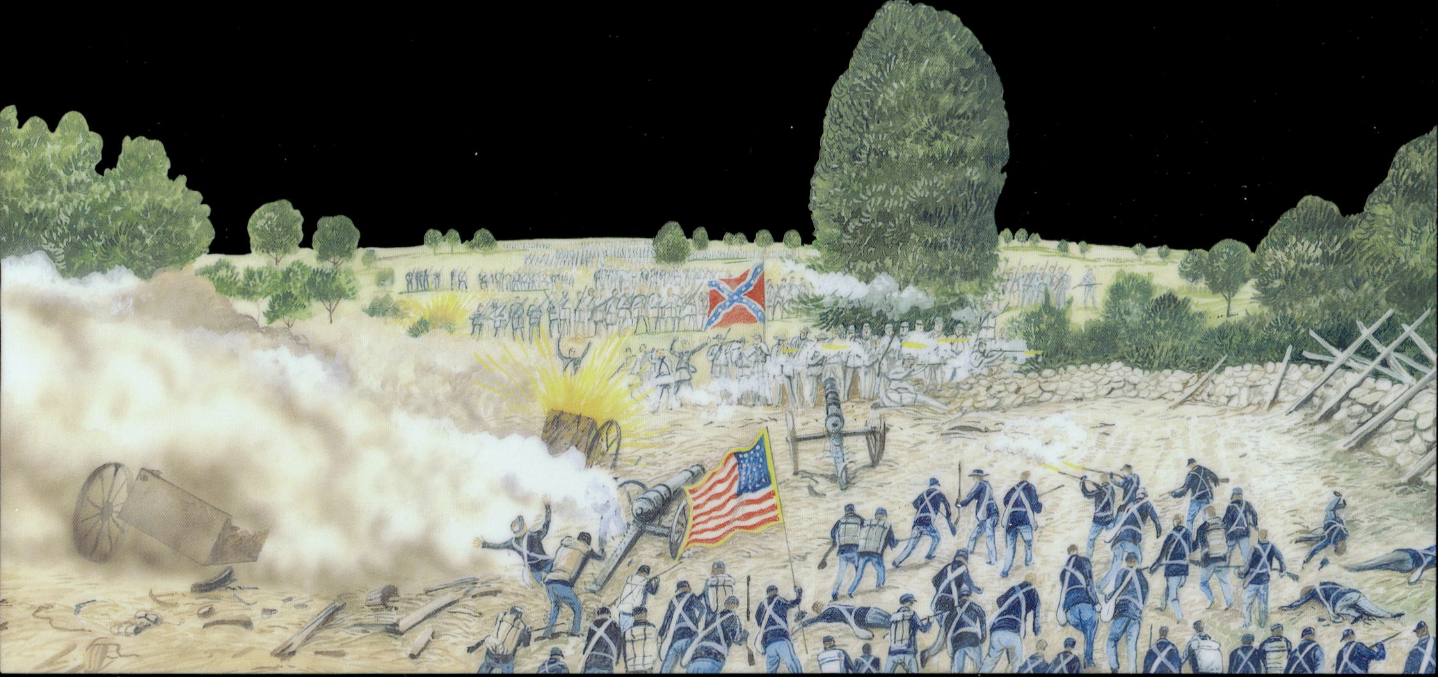

葛底斯堡战役，1863 年

皮克特冲锋终结的
地方

- 公墓山脊
- 石墙
- 弹药箱发生爆炸
- 前进中的邦联军队
- 被缴获的联邦军大炮
- 前进中的联邦军队

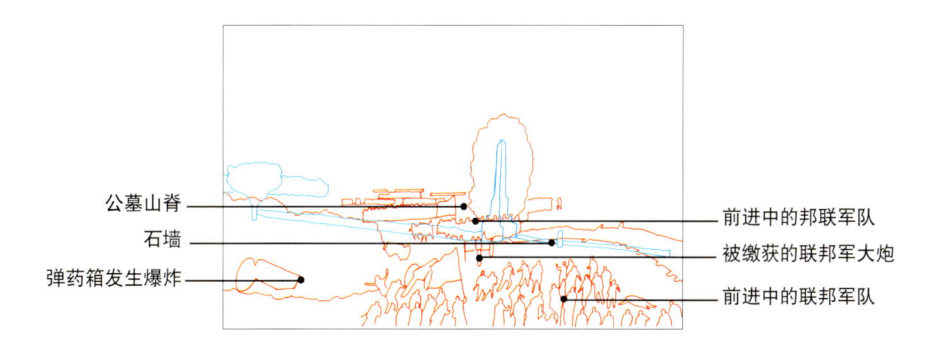

葛底斯堡战役，1863 年

联邦军的深蓝色军服　　　　　　　　　　　邦联军的灰色制服

军士长	中士	列兵	下士	列兵	所有骑兵	中尉	中士	下士	列兵	步兵	骑兵
炮兵	步兵	合众国步兵	骑兵	轻装炮兵	穿的厚重	步兵	骑兵	炮兵	步兵	邦联陆军	邦联陆军
合众国陆军	合众国陆军	工作服	合众国陆军	合众国陆军	长大衣	邦联陆军	邦联陆军	邦联陆军	邦联陆军	外套	外套
全副武装	全副武装	行军装备	全副武装	全副武装							

队在山上加入了米德的军队。下午晚些时候，李终于决定发起一次攻击。他先在北军右翼的卡尔普山发起了一次牵制攻击，他的真正目标却在他认为较弱的位于"小圆顶"上的联邦军的左翼。李希望通过攻下左翼，再转向北军中央，最后以传统的方式包抄米德的军队。

邦联军的攻击以炮兵掩护开始，接着各路灰衣士兵向米德的左翼进攻。他们翻过了一片被称为"魔鬼洞穴"的岩石区，向"小圆顶"上冲去。在卡尔普山的牵制攻击的压力下，米德无法腾出足够的兵力来增援这个薄弱点。就在这时，这场战役变得不仅仅是一场兵力的较量，而且也是士兵个人意志和精神的较量。就在"小圆顶"北军左翼的最末端站着一队士兵，他们是劳伦斯·张伯伦(Lawrence Chamberlain)上校指挥的第20缅因团。张伯伦是一位执着认真的34岁的大学教授，他热烈支持北方的事业。他的上级军官告诉他："我把你安排在这里，这是联邦军的左翼。你要明白，你要不惜一切代价坚守这个阵地！"如果张伯伦失败了，邦联军就会向北军中部包抄，所以整个北军的命运就维系于张伯伦的表现了。

张伯伦和他的358个士兵牢固地守卫在这片林木覆盖、散布着岩石的高地上。当叛军的尖锐刺耳的喊杀声从下面传来时，他们知道，他们的时刻到来了。亚拉巴马军的三支部队穿过树林和岩石来与缅因的士兵交锋。猛裂的交火爆发了。"密集的子弹向我们团射来，我们被浓烟所笼罩，"西奥多·格里什(Theodore Gerrish)回忆道，"子弹飞快地从弹药箱中拽出，塞进冒烟的枪膛中。撞针猛烈地撞击枪膛，发出铿锵的声音。士兵们的手和脸因燃烧的火药而变得污浊、乌黑。"张伯伦意识到，即使是他也有可能被从侧翼包抄，于是便把他的战线拉得更松更长，因此他们得以包绕邦联军的右翼，使之陷于毁灭性的交叉火力之下。双方都勇气十足，斗志顽强。

亚拉巴马军一次又一次地进攻，在枪林弹雨中不断跌倒，但马上又重新整队向山上冲去。邦

葛底斯堡第二天的战斗，显示的是邦联军对公墓山的进攻

葛底斯堡战役，1863年

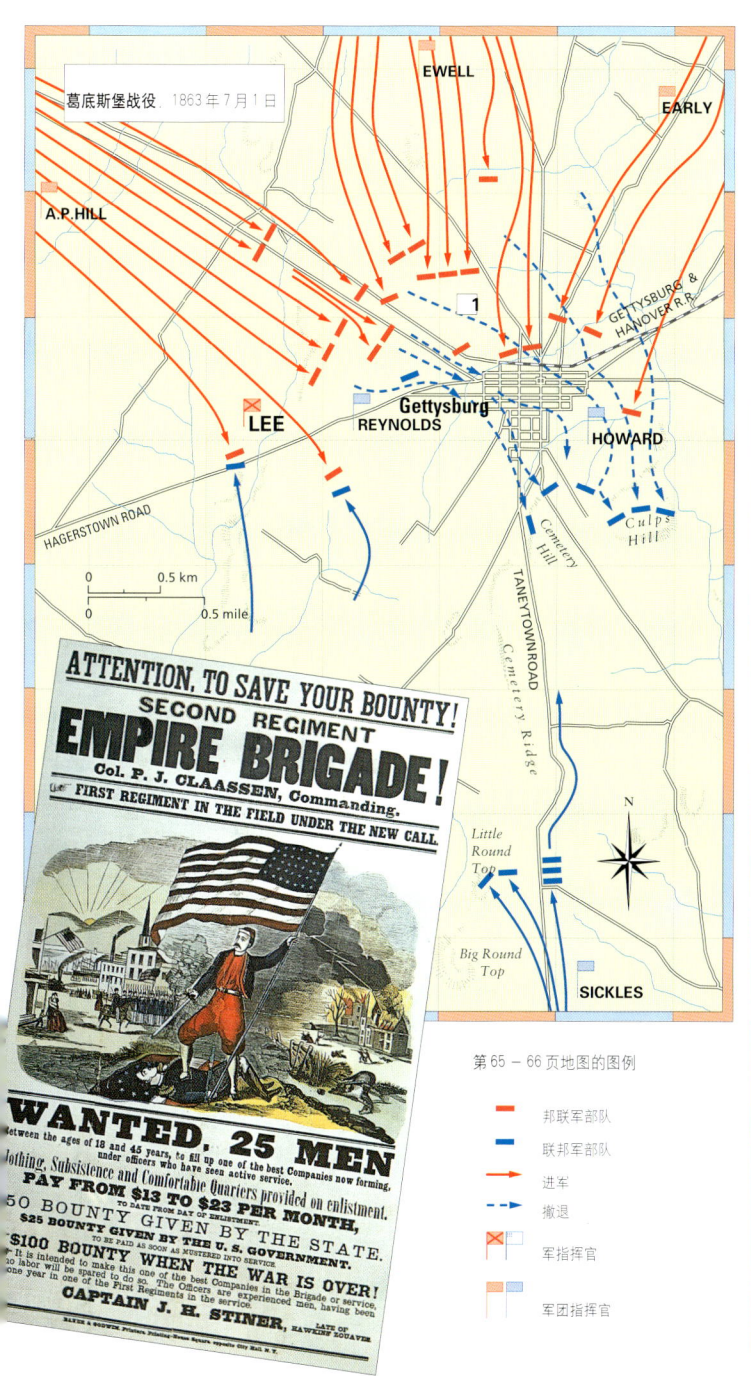

|1| 7月1日，上午5:30开始交火。邦联军和联邦军均向葛底斯堡集结，联邦军队撤退到公墓山

|2| 7月2日，下午4时至黄昏
邦联军发起进攻并夺取了"魔鬼洞穴"，但联邦军占领了"小圆顶"

|3| 下午5:30至黄昏
邦联军进攻桃园，将联邦军队赶回到公墓山脊

|4| 上午6:30至天黑
邦联军攻打了卡尔普山和公墓山脊，但得地甚微

|5| 7月3日，上午5:30
对卡尔普山的持续攻击最终未能成功

|6| 下午3时
皮克特、佩蒂格鲁和特林布尔的步兵进攻，造成了约5600人的巨大损失

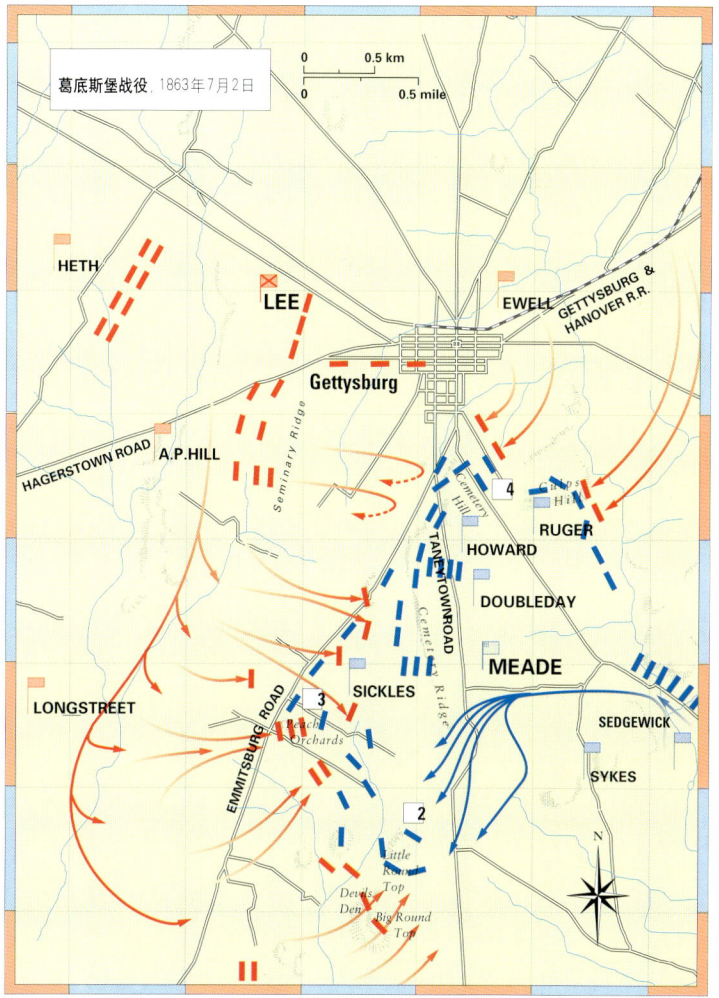

第65－66页地图的图例

- 邦联军部队
- 联邦军部队
- 进军
- 撤退
- 军指挥官
- 军团指挥官

葛底斯堡战役，1863 年

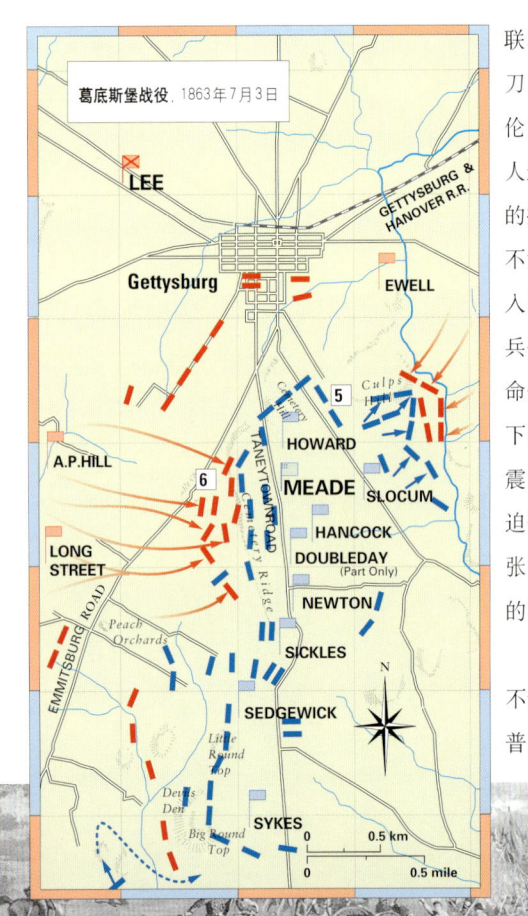

联军在哪里遭遇北军士兵，双方就在哪里用刺刀、枪托、石块、拳头展开激烈的肉搏战。张伯伦回忆道，"我不时地看见我周围的敌人比自己人还多。""裂口张开着，吞食着，又以一种猛烈的痉挛般的力量闭合了。"但这些来自缅因的人不肯动摇。即使是张伯伦的弟弟也必须完全地投入战斗，他被派去堵击一个裂口。弹药缺乏，士兵伤亡三分之一，张伯伦决定决一死战。他高声命令："上刺刀！"幸存的缅因士兵齐声响应，冲下山去，这一下亚拉巴马的士兵吃不住了。杀声震天的潮水般的蓝衣士兵冲破了邦联军的队列，迫使他们回撤，密集的炮火摧毁了他们的抗击。张伯伦按照指示保住了左翼，也以此保住了米德的军队的命运。

7月2日在其他地方，邦联军进展得好一些。不论在中央，在公墓山脊上，还是在右翼的卡尔普山上，邦联军都与坚决抵抗的北军展开了极其猛烈的战斗。邦联军取得了一些局部胜利，但这些都不足以扭转整个战局以挫败米德。当夜幕降临时，双方都停止了战斗，各有伤亡，疲惫不堪。到夜里，更多北军援兵的到来改变了米德在数量上的劣势。邦联军的骑兵从袭击中撤回来，正是他们的指挥官 J·E·B·斯图尔特的主张确定了第二天的战术。

7月3日从没有阵形的小规模战斗开始。而李则集合他的军队，准备下一次的大规模的进攻。由于击溃两翼的尝试均告失败，他现在决定发起一次大规模的拿破仑式的进攻。他将15000人投入到一次针对米德中央主力纵深的攻击中，意欲将北军分割成两部分。这是一个大胆而果敢的行动，但他未曾考虑到此时战场上猛烈的火力。尽

这场战役第三天的"皮克特冲锋"。图勒·德·图尔斯特鲁普（Thure de Thulstrup）绘

管乔治·E·皮克特（George E. Pickett）仅仅是参战的四个师级指挥官之一，这次攻击却被永远地记在了他的名下，这也许是力图将这次攻击的责任从那位受人尊敬的邦联军指挥官的身上推卸掉。

皮克特冲锋

下午1点，邦联军在近140门大炮的掩护下开始了大规模的进攻。持续两个小时，大炮轰击着北军沿着公墓山脊的中央阵地。米德预料到了这次攻击，并且已经抽调了部队来加强中央，同时，他还在隐蔽的阵地上布置了多门大炮。到了下午，邦联军的可怕的炮击停止了。接着一队队的灰衣士兵从他们的林木遮蔽的阵地上出来了，他们开始集结成阵形向公墓山脊挺进。他们看上去令人胆战心惊，在李的最好的、超过15000人的队伍中，人人信誓旦旦地要捍卫邦联的利益。刘易斯·阿米斯特德(Lewis Armistead)是旅长之一，他率领部队越过田野，穿过麦地，经过两栋农舍，向北军阵线冲去。北军的大炮开始向他们开火，射出的炮弹如同镰刀割草一样地将一排排的邦联军士兵击倒，但邦联军还是继续前进了一英里多。接着北军的毛瑟枪发出雷鸣般的声响，向邦联军的队列扫射，使邦联军士兵如同步入风暴之中般地蹒跚、动摇。米德的隐蔽的大炮开火了，使已经残缺不齐的攻击者的队列又陷入屠杀的交叉火力之下。有一面邦联军的旗帜曾十次倒下，但它却一次又一次地被擎起。阿米斯特德用剑尖挑起自己的帽子，然后将帽子高举在空中。"前进，小子们！"他向身后的人喊道，"让他们尝尝刀剑的厉害！谁跟我来？"公墓山脊上的石墙是他们的目标，剩下的邦联军士兵齐声响应，显示出他们誓死夺取目标的决心。但他们为自己的勇猛付出了可怕的代价。

只有刘易斯·阿米斯特德和150个士兵翻过了石墙与守卫着自己阵地的北军士兵交锋。这一无比壮烈的时刻被认为是邦联军的"最高水位"。此后，虽然他们一再努力，却再也不曾这样地接近胜利过。但一切远未到头。米德投入了他的后备军，于是邦联军的突破企图被粉碎了。刘易斯·阿米斯特德把手放在一门被舍弃的大炮上，但顷刻间，他被北军的子弹击倒了。数千名南军士兵的尸体散布在战场上。李此时担心敌人会发起一次毁灭性的反攻，但一直没有。米德的军队正如他的军队一样，精疲力竭。当李最终撤离时，米德并未竭力追击，日后，他因此遭到非议。双方或死或伤各损失了近23000人。

尽管李并未被葛底斯堡的失败打垮，但它对邦联事业来说，的确是最后一次胜利的机会。战争又拖了两年，北军扭转局势，深深地攻入了南方领土。葛底斯堡战役的重大意义在当时立即被大众所认识，不仅仅是它的战略意义，还因为战

在葛底斯堡战役中战斗和死亡的人比在北美土地上发生的任何其他战役都要多

役中牺牲了的众多的生命。这次战役之后，仅过了四个月，亚伯拉罕·林肯就来此凭吊战场，并发表了他的著名的演说。在演说中，他提到了这场可怕的战争所带来的"自由的新生"，并提出了"民有，民治，民享的政府"的说法。正如政治家们在其后的战争中所认识到的，这些平凡的人们是带着一种责任感和对于民主的更大的渴求而做出了巨大的牺牲的，他们的牺牲体现了他们对于自己国家的生存所做出的个人贡献。

林肯是在葛底斯堡国家公墓建立之际发表葛底斯堡演说的。正如以前的很多战役一样，葛底斯堡战役中的阵亡士兵的尸体也被匆匆地投入一个公共的坟墓中。但由于葛底斯堡战役对整个内战的重大意义，后来决定将这次战役中阵亡士兵的遗骸重新埋葬在一个正式的公墓里。这个公墓成了美国各地的其他许多纪念公墓的样板。葛底斯堡战场作为一个军事公园被保存下来。其游客服务中心和瞭望台能提供这场战役中军队的布署和调动的详细资料。

罗克浅滩之战，1879年

很少有战役比罗克浅滩（Rorke's Drift）之战更能说明经过精心周密准备的阵地的价值。一支纪律严明、人数极少的军队顽强地守卫了这个阵地。这是一天之内所授予的维多利亚十字勋章数目最多的一次战役。

伊桑德尔瓦纳（Isandlwana）之战彻底地震撼了大英帝国。本应是一场帝国对当地军队轻而易举的胜利——一场西方的步枪、大炮对土著的长矛和盾牌的胜利——竟变成了一场失败的恶梦，1334名英国士兵和470名非洲的同盟军被一支凶猛的祖鲁人军队所追杀。其后发生在罗克浅滩的战役就成了一个为了生存抗击强敌的传奇故事。

血洗长矛

在南非共和国被并入大英帝国后，英国便卷入了布尔人（Boer）与祖鲁人（Zulu）的国王塞特韦约（Cetewayo）之间的边界之争。祖鲁人是黑人部落中的一支好战的民族，他们侵入了南非的领土，轻而易举地击败了当地人。白种布尔人移民的枪支使祖鲁人的征服战争暂时停止下来。但当英国人现在企图将他们置于掌握之下时，祖鲁人便大为不悦了。

在南非的帝国军队由中将切姆斯福（Chelmsford）勋爵率领，他只见识过在印度和阿比西尼亚（今埃塞俄比亚）的军事行动。1879年，他带领一支由5000名英国人和8,200名当地士兵所组成的军队进入北纳塔尔。他们越过了以姆津雅蒂（Mzinyathi）河为标志的祖鲁人的边界，将位于一个叫作罗克浅滩地方的一座孤立的传教点改造成了一个军事基地，为这场战役做准备。传教点的这些建筑中的一座被用作医院，而另一座则变成了存放弹药和食物的仓库。接着，切姆斯福将他的军队分成三个纵队并开始有组织地搜寻祖鲁人的军队。然而由于祖鲁人早已严阵以待，他们抢先对英国人发起了攻击。

在伊桑德尔瓦纳，切姆斯福的中央纵队在一块突兀的岩石下面设立了自己的营地。1月22日清晨，此时正当南非夏季，是最炎热的时候，约10000名祖鲁战士从高高的野草中钻出来，并向3000多名英军士兵猛冲过去。英国人装备着可以连发的马蒂尼–亨利式步枪，并有大炮支持，本为胜算，但祖鲁人是一支身经百战的劲敌。尽管有些祖鲁人装备着欧洲的马步枪，但多数人都是挥舞着夺人性命的长矛，既可投掷，又可戳刺。一开始，英军便在向前猛冲的祖鲁武士攻击下遭受严重伤亡，英军分布得过于稀疏，因而无力展开主攻。

祖鲁人采取了他们惯用的"牛头"阵形，军队的两只犄角攻击守方的侧翼和后方。英国人无法形成一个强有力的防御阵形，倒被分割成许多孤立无援的小组。被西式火力造成的伤亡所激怒，祖鲁人毫不留情地扫荡了营地，见到什么杀什么——英国兵和本地兵、马匹和军营宠物，他们甚至去刺戳储藏箱和货车。每一个被击败的敌人都

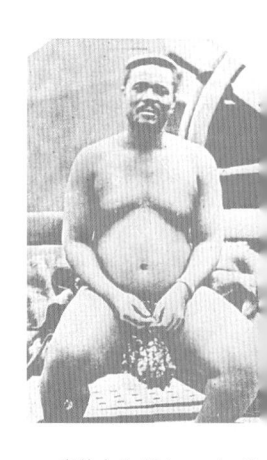

在罗克浅滩之战中的维多利亚十字勋章的获得者，隶属皇家工程兵的约翰·劳斯·梅里奥特·查德中尉。查德来自英格兰的德文郡，在去非洲任职前曾在百慕大服役。当他返回英格兰时，他被维多利亚女王邀请至巴尔莫勒尔（Balmoral），并赐给他一枚金制的印章戒指。他后来在塞浦路斯、印度和新加坡任职。他于1897年在染上舌癌之后死于萨默塞特（Somerset），享年50岁

塞特韦约（Cetewayo），祖鲁人的国王，生于1827年前后，他对欧洲人和布尔人都抱有很大的疑虑。塞特韦约于1856年在一场血腥的战役中击败了与他竞争的同父异母的兄弟，从而夺取了王权。自1873年起他登基为王，直至1884年死去

罗克浅滩之战，1879年

从奥斯卡伯格（Oskaberg）看罗克浅滩的景象

外围防御工事
着火的医院
仓库
祖鲁人在奥斯卡伯格的阵地

罗克浅滩之战，1879年

在伊桑德尔瓦纳(Isandlwana)战役中，军官泰根穆思(Teignmouth)，梅尔维尔(Melvill)和科格希尔奋力保住第一营的军旗。他们都在战斗中丧生。这面战旗破碎的残片在这场战役后两个星期被找到，现藏于布雷肯大教堂。此画由阿方斯·德·纽维尔(Alfonse de Neuville)作于1881年

被连刺数次，他们的肚子被挑开，因为祖鲁人相信这能使死人的灵魂逃离。祖鲁人的梭镖浸透了侵略者的鲜血，他们还渴望着更多的血。

少数逃离了伊桑德尔瓦纳的生还者纷纷退出了祖鲁人的边界。一队被称为"纳塔尔土产马"的黑人骑兵赶到了罗克浅滩的军事基地，告诉了英国人关于这场可怕的失败的消息。这个军事基地由第24团B连的冈维尔·布罗姆黑德中尉和80名士兵守卫，他们绝大多数是威尔士人。除此而外，还有一名外科医生和三名军队医疗队的士兵，他们照顾着35名病人。约翰·查德中尉，一名皇家工程兵的副官，被留下指挥这个基地。他们必须迅速做出一个决定：这一支小小的守军该逃离还是该坚守？祖鲁人的一支老兵战士队伍正由达布拉曼齐·坎潘德(Dabulamanzi kaMpande)王子率领着朝他们这边来。这支队伍未参加在伊桑德尔瓦纳的战斗，正急于赢得一场属于他们自己的胜利。

身陷绝境

"纳塔尔土产马"的人在伊桑德尔瓦纳已经奋勇战斗过了，无心再留在罗克浅滩。查德恳求他们留在他身边，但他们已经受够了。英国人大怒不已，当"纳塔尔土产马"人离开时，还有人向他们开枪。英国人自己没有马，只能用缓慢而笨重的大车来运送伤病员。他们开始意识到，除了留在基地外，他们几乎别无选择。他们不得不匆匆地将这座传教点改造成了一座要塞。

这儿有两座主要建筑：医院和仓库。他们在墙上凿出了枪眼，这样步枪手便可从里面向外射击了。很多装着玉米的袋子和饼干盒子从仓库中拖了出来，被当作沙袋，围绕着基地周边建起了一道临时性围墙。惟一的不利因素是那块叫做奥斯卡伯格(Oskaberg)的俯瞰基地的高地。不过，基地的建筑是背朝着高地的，所以即使高地上布署了火力，守卫者也可得到有限的防护。

1月22日下午4:30，从罗克浅滩的南面传来了一些枪声。一队约4000人的祖鲁武士正迅速逼近。不一会儿，一名英国哨兵喊道："他们来了，黑得像地狱，多得像野草！"祖鲁团的武士迂回

罗克浅滩之战，1879年

到基地的后面。装备了步枪的祖鲁散兵选择了高地，而一批接一批的祖鲁武士则以紧密的阵形，手执矛盾向前冲锋。挤在堡垒建筑中的第24团的步枪兵开火了，每一枪都给面前密集的祖鲁人带来伤亡。受到枪林弹雨的痛击，祖鲁团向医院的正面散开，他们越过花园，开始撞击医院的门窗。在医院内部，第24团的士兵布置在伤病员的中间，而那些已康复能拿枪的伤病员人人发了一支枪。

下图：在伊西科博萨·克拉尔（Issikobosa Kraal）的尤耶德瓦纳（Uyedwana）的一位身着礼服的祖鲁人。G·F·安格斯作于1847年

上图：位于罗克浅滩的在1879年该次战役之后的吉姆·罗克的住宅。在它后面的是奥斯卡伯格山

医院里的士兵进行了有力的战斗，但外面数量众多的祖鲁人迫使他们撤离了前厅，祖鲁人破门而入。幸好，房间之间没有走廊相通，在前厅的士兵是靠朝后面房间的墙上打了一个洞才得以逃脱。他们用步枪和刺刀守卫着这个洞口，直到其他士兵又在他们身后打了另一个洞，把伤病员疏散到另一个房间。从一个房间到另一个房间，士兵们同祖鲁人进行着殊死的战斗，长矛从灰泥墙上的洞口中刺过来，一个人守卫着洞口，而其他人则在后面的墙上奋力挖洞，以便逃离。最后，他们冲进了医院后面设防的院子。祖鲁人无法再向前挺进了，他们便点燃了医院的干草屋顶。

在奥斯卡伯格高地上的祖鲁散兵继续向院子里射击。尽管他们装备的步枪性能不及马蒂尼－亨利式步枪，但他们还是很好地压制住了守军，而且给背朝他们的防守基地正面的士兵造成杀伤。基地后面的步枪手有效地同祖鲁人对抗，但数量庞大的祖鲁人逐渐在拖垮他们。查德中尉决定缩小外围防线，他命令部属隐蔽在石头房子外面用饼干盒子筑成的墙后。像艾伦(Allen)下士和列兵希契(Hitch)那样的伤兵帮助所有的病号逃离燃烧的医院，转移到新的防线后面。

现在已是夜晚，但黑暗并未带来平静。祖鲁人环绕着这些建筑径直向形成紧密环形的守卫者冲击着。玉米袋被拖来以增加防护墙的高度。祖鲁人就紧贴在墙脚下，刺刀被证明比步枪射击更有效。战斗成了殊死的肉搏战。一批又一批的祖鲁武士跃过他们同伴的尸体向英国人戳刺。直到拂晓前一小时战斗才渐渐平息。当太阳升起来时，英国人看到数百具祖鲁人的尸体靠着饼干盒筑成

罗克浅滩之战，1879年

罗克浅滩之战，1879年1月22—23日，下午3时

DIRECTION OF ZULU ATTACKS

罗克浅滩战役中维多利亚十字勋章获得者冈维尔·布罗姆黑德（Gonville Bromhead）中尉，他指挥了第24团第2营的B连。当他指挥罗克浅滩的这支小部队时，布罗姆黑德的军衔比查德低一些。尽管耳聋妨碍了他的军事生涯，但布罗姆黑德仍被允许继续服役。他于1891年在安拉阿巴德去世，享年46岁。

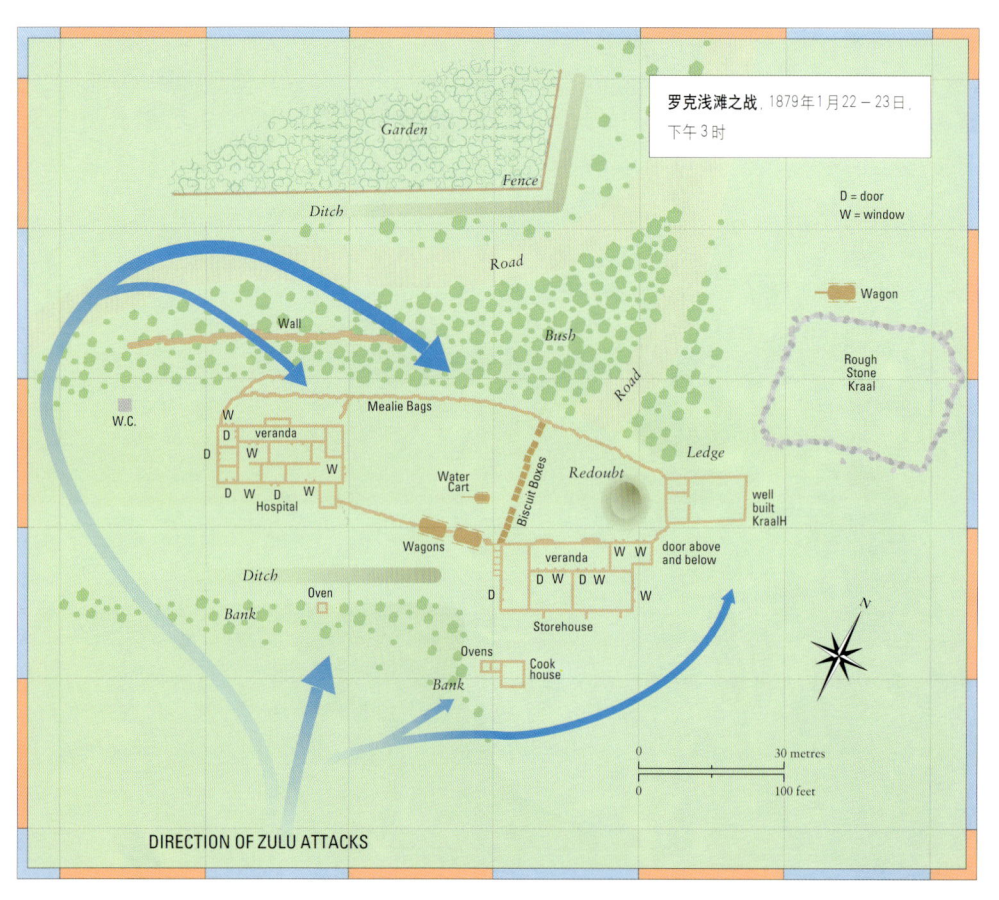

的墙堆积着，有些地方已堆得和墙本身一样高了。数千个弹药筒散布在地面上。查德的15名部下死了，几乎所有的人都负了伤。查德担心会再次遭到袭击，派人出去收集所有的他们能使用的武器，包括祖鲁人的长矛。当子弹用光时，他们只能"以牙还牙"了。他们还没怎么收集起主要是长矛的武器，便被叫回院子里，因为祖鲁人回来了。英国人担心这次将是最后的较量。英国人稳住了自己，进行最后的守卫，他们看到祖鲁人在基地对面的一座小山上聚集起来。密集成群的武士蹲在地面上向下盯着这些红衣士兵。他们已经疲惫不堪，差不多连续战斗了12个小时，祖鲁人看不出继续打下去有多大意义。他们站了起来，转过身去，离开了这支英勇的兵力甚微的守军。这是一个明智的决定。切姆斯福勋爵和他剩余的部队得以返回罗克浅滩，这样一来，这些英国人便获救了。罗克浅滩的英勇保卫战作为一次真正伟大的生存战的战例载入到军事史册之中。它帮助掩盖了伊桑德尔瓦纳战役的失败所带来的灾难，而且，给了切姆斯福勋爵休整军队和发起了一次成功反

罗克浅滩之战，1879年

守卫罗克浅滩。取自阿方斯·德·纽维尔所作的一幅油画

击的时间。11枚维多利亚十字勋章被授予了这些守卫者：查德和布罗姆黑德中尉、军医詹姆斯·雷诺兹（James Reynolds）少校、执行军需官詹姆斯·多尔顿（James Dalton）、下士威廉·阿伦（William Allan）、列兵弗雷德里克·希契（Frederick Hitch）、亨利·胡克（Henry Hook）、罗伯特·琼斯（Robert Jones）、威廉·琼斯（William Jones）和约翰·威廉斯（John Williams）（他们都是第24团的），还有一名纳塔尔的志愿兵，瑞士人弗雷德里克·希斯（Friedrich Schiess），他尽管是一个病号，却英勇地战斗。这是一天当中授予维多利亚十字勋章最多的一次。6个月后，英军在乌伦迪击败祖鲁军队，为英军死难士兵复了仇。祖鲁人损失惨重，而他们的国王塞特韦约逃走了，继而被英国人俘获。

和解

今天，罗克浅滩是一个兴旺的社区，距最近的纳塔尔城镇邓迪31英里（50公里），它仍然是孤立隔绝的。尽管这座传教点原先的建筑已毁，但有两座建筑在它的基础上建了起来，其中一座酷似那座医院，现在里面有一个战争博物馆。在这些建筑后面是英国公墓。罗克浅滩和伊桑德尔瓦纳的自然面貌大部分未变。1997年，在一种和解的、让战争中的亡灵安息的氛围中，曾在罗克浅滩战斗过的英军和祖鲁武士的后代参加了一个仪式。在这个仪式中，皇家威尔士团与第121南非步兵营的士兵并肩而立。

加利波利战役，1915 年

侵入土耳其的达达尼尔海峡原本意在回避西线僵局而另寻出路，
进入轴心国中欧国家的脆弱部分。但这次战役演变成了
这场战争中最大的灾难之一。

伊恩·汉密尔顿勋爵(1853—1947年)，站在右起第二位，摄于他担任加利波利战役的指挥之前。他在 1899—1902 年的南非战争中脱颖而出，继而在 1904—1905 年的日俄战争期间成了日本人的军事专员。在汉密尔顿的右边是海军司令德·罗贝克上将

1915 年，当西线的战局陷于堑壕战的僵局时，英国人寻求通过打击德国的盟国土耳其在南欧开辟第二战场。这场在加利波利半岛进行的长达一年的战役沦为了有史以来最大的战争灾难之一。这次经历对许多在那里接受战火洗礼的澳大利亚人和新西兰人来说，还都历历在目。

计划失误

土耳其加利波利 (Gallipoli, 今盖利博卢) 战役发起时的动机十分合理。战争爆发不久，土耳其就加入了轴心国的阵营。土耳其此举出自她对俄国长达一个世纪之久的恐惧，因为俄国一直图谋控制黑海的出海门户达达尼尔海峡。到1914年末，协约国迫不及待地需要一个打破西线僵局的办法。温斯顿·邱吉尔，这位39岁的英国首相确信，解决的办法便是攻击土耳其，以图同俄国联合。

达达尼尔海峡看似一个软弱易攻的目标。它仅在北面沿着加利波利半岛的一些要塞，进行了很差的军事防卫，看上去似乎只需一次海军行动就足以拿下了。然而，当英国和法国的战舰在 1915 年 2 月发起攻击时，三艘战舰被不曾提防的水雷炸沉，另有三艘被炸坏。就在防守的土耳其和德国军队行将崩溃之时，英军指挥官却撤退了，他们认为，任何军事行动都需要陆军介入。

在后方伦敦，战争委员会也有同样的看法，决定让陆军加入战斗。尽管陆军的远期目标是沿多瑙河溯河而上进行进攻，而他们当下的目标就是帮助海军巩固他们在达达尼尔海峡所得到的地盘。况且，正如英国陆军大臣基钦纳勋爵 (Lord Kitchener) 指出的，可用之兵已近在跟前：从澳大利亚和新西兰征集的新兵驻守在埃及，可以随时调动。

尽管澳大利亚和新西兰此时已经自治，却都加入了这场战争，以支持英国。很多人还对原来的祖国抱有很强的爱国意识，而且，这场战争也为这些年轻国家在国际舞台上露一手提供了机会。1914 年 9 月，一支新西兰和澳大利亚联军出发去

穆斯塔法·基马尔 (1881—1938 年)，土耳其第 19 师的领导者，他是土耳其在加利波利战役中获得成功的幕后主脑，这为他赢得了"帕夏"(Pasha, 意即首脑)的尊称。在战后，他通过进一步的军事活动，废除了苏丹统治并成为新成立的土耳其共和国的第一任总统。1934 年他采用了基马尔·阿塔特克 (Kemal Atatürk) 的名称

右图：皇家汉普郡团从克莱德河登陆到加利波利半岛

加利波利战役，1915年

英国，在那里接受训练。然而，当他们走到行程的一半时，伦敦命令他们在开罗下船，就在开罗接受训练。同时还宣布他们从此被称为澳大利亚和新西兰军团。这个名字很快便缩减为著名的首字母缩写词"Anzacs"（澳新军团）。

2月里的海军行动失败后，使用澳新军团的方案很快展开。成立一支地中海远征军（MEF）的计划也很快地拟定出来，并且任命了一名指挥官——伊恩·汉密尔顿勋爵。他是一位诗人、小说家，西北边境战争和布尔战争中的英雄。汉密尔顿被告知，行动细节将在以后通知。同时，资料匮乏，在他们3月13日出发之前，汉密尔顿的参谋部甚至不得不到书店里去搜寻君士坦丁堡的导游手册。

接着，以亚历山大为基地的汉密尔顿被告知计划有变。他现在将要领导一次联合行动。行动中，海军做后援，支持陆军，而不是相反。看来，似乎还没有人仔细思考过陆军入侵所需要的东西，诸如援军、大炮、军火和食物等。

与此同时，协约国轻易取胜的机会已经丧失。仅在一个月前还预见会失败的土耳其人，猜测一场地面进攻即将到来。于是他们建立起一支单独的军队，由一名德国指挥官利曼·冯·桑德斯（Liman von Sanders）指挥。看到沿加利波利半岛延伸的悬崖和山丘，桑德斯想必曾要求给他一个星期的宽限，而事实上，他得到了一个月。在这么长的时间里，他建起了六个师，共有84000人——是原先守军兵力的六倍。部队分布得很好，有良好的道路相连。无论在何处发生登陆战，他们都能迅速向那里移动。对澳新军团来说，更为不幸的是，土耳其有一位格外优秀的指挥官，穆斯塔法·基马尔（Mustafa Kemal），此人后来成了土耳其共和国的奠基人。而且，土耳其人被爱国热情所鼓舞：他们为保卫自己的祖国而战。

一次注定失败的登陆

MEF——由英国和法国军队，同时还有澳新军团组成——有75000多人。他们所要实施的两栖行动是十分艰巨的，要在多处背抵悬崖的海滩

加利波利战役，1915年

上进行。计划是夺取加利波利半岛上的位于几英里外内陆上的高地。澳新军团将夺取北面部分，一片连着海岬的海滩，加巴·蒂普(Gaba Tepe)。他们将由一支"拖船"舰队从他们所在的战舰和巡洋舰上运载到陆地上，这支"拖船"舰队共有12艘拖船，每一艘拖拽3只驳船。英国部队将集中攻击赫勒斯角，它俯视达达尼尔海峡的入口。没有人及时地看到土耳其人所形成的威胁，土耳其人在各个方面都被视为弱小民族而普遍地受到轻视和排斥。

4月25日，这一天现在还被纪念为澳新军团节。凌晨时分，11条运输船来到了连绵15英里(24公里)的海滩边上。在北面，澳新军团开始登陆，但他们立即遇到了麻烦。在黑暗中，领头的拖船偏离了航道，而其他船只也跟着它偏离。等他们到达海滩时，他们来到了一个完全错误的地方。后来，这里被称为澳新军团湾。他们混乱地挤在一起，周围全是灌木覆盖的悬崖绝壁。在灰蒙蒙的晨曦中，500名土耳其守军开火了。当第一批澳大利亚人奋力挣脱海滩向高地进攻时，基马尔命令他的舰队调转船头火速赶来增援。

在海岸上，后面的登陆部队与已经被土耳其军队的火力压制住的先头部队挤在了一起。到了下午早些时候，海滩上8000人乱作一团：既无指挥又无目标——士兵们陷入一种完全混乱的状态，四周围都是死尸和伤员。那些运来新部队和将死伤士兵运走的拖船成了攻击的活靶子。况且，没人预见到这样大的损失，岸边的船仅能装走500名伤员，而在澳新军团湾，仅第一天结束时，就有2000人伤亡。到了晚上，上岸士兵已达15000人。

第三轻骑兵旅在奈克(Nek)向加利波利发起冲锋。此画由乔治·兰伯特所绘

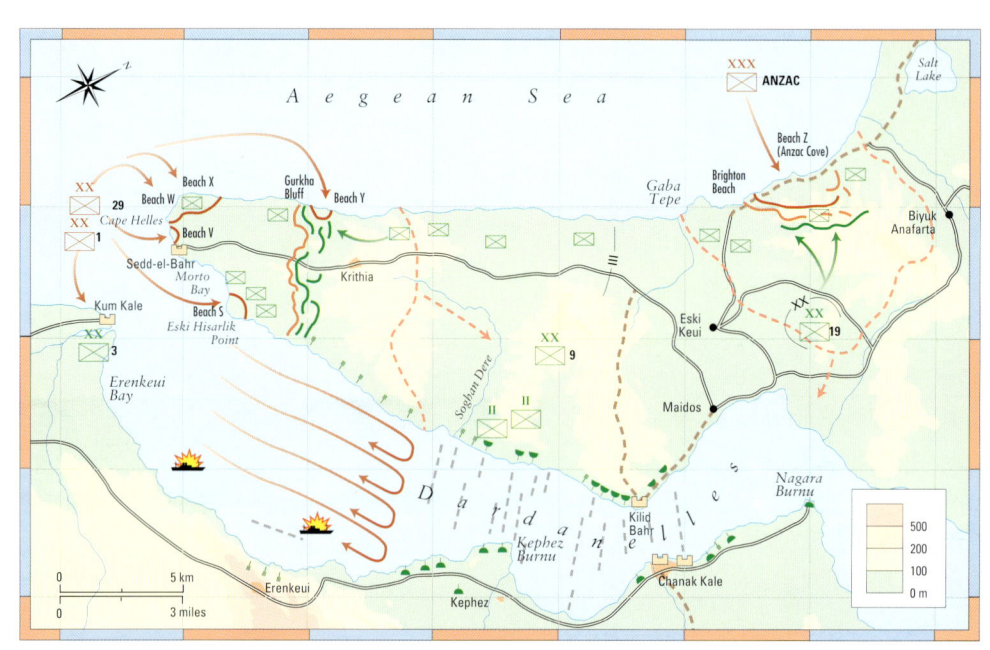

当地指挥官开始提出撤退,但汉密尔顿认为这等于自杀——撤退的部队会成为更好的攻击目标。"你们已经渡过难关了,"他命令,"现在你们只有挺进,挺进,挺进,直到你们安全为止。"汉密尔顿的决定恢复了士气,再也没有人提撤退的事了。

与此同时,在较远处的南边,英军发起的主要登陆进攻遭遇到了吉凶参半的命运。十三个营在海勒斯角两边的五个海滩上登陆。因为在战区的两端,守军为数不多,但中部则是死亡陷井。由于海水流速减缓,影响了船队的前进,军队在黎明后才登陆。当他们还在水中时便遇到了毁灭性的火力。一些幸存者到达了海滩,在一处低坎下面藏身。而更多的数以千计的人则龟缩在他们的登陆船上,等待黄昏的到来。他们那些在一、两英里外已经登陆的战友们则在消极地等待着行动的命令,但一直也没有命令到来。

在北面和南面战场的海滩上,澳新军团和英军挖壕固守。在上面的高地上,土耳其人也在挖。双方都预料会有猛烈的攻击,但哪一方都无力攻击。小规模的攻击被小规模的反击打退。双方都坚守着,双方都在为更大的战役集聚力量。

堑壕中的煎熬

到5月6日,海勒斯角的对峙力量为25000英军对20000土军。英国人选择此时发起攻击。然而,他们几乎没有获胜的可能,攻击情况不明的阵地的命令只提前七个小时到达,而且很少有飞机来观察战局的进展,也没有军火储备。攻击甚至未能削弱土耳其军队的防线。后来的进攻除了损失、消耗和停顿僵持之外一无所获。同时,北面的战场也仍然保持着僵持的局面。沿着

潜望镜步枪是由在加利波利的一名澳大利亚人发明的。此处,一名第二轻骑团的士兵正在使用它,一个同伴使用一架简单的潜望镜从旁协助

全部海岸,战况和西线的情形一般无二。在他们的离海滩较远一点的堑壕阵地上,士兵们被懒散、疾病以及可怕的、无望的进攻所折磨。这种苦难倒使澳大利亚人形成了一种新的自我形象——坚强、独立、无所畏惧的"澳新人",按澳大利亚人的看法,与那些高傲、自以为是、等级森严的英国人迥然不同。

只有近三个月后,政府才试图打破僵局,又派遣了5个英军师来加入海滩上的7个师。到这时,土耳其人已有15个师。汉密尔顿决定发起一次双重攻击:澳新军团湾的一次新的推进和在紧挨着的北边的苏夫拉湾发起一次新的登陆战。两处的进攻都失败了。特别是苏夫拉,变成了英军的恶梦。"我们很早便失去了我们的指挥官,"一名中士在提到许多毫无战果的攻击中的一次时这样写道,"我现在还能看到他们行走,指挥前进,吸烟的样子,那么勇敢——这是一个错误——他们被狙击手们辨认出来……我们被命令上刺刀,这又是一个错误,因为刺刀反射的阳光立刻就暴露了我们的位置。这真的成了一个地狱,火力从各个角度射来。"到了8月末,这个前沿也陷入僵局。

当秋雨来临,冬天的霜冻开始给军队造成伤害时,英国政府失去了信心,下令撤离。加利波利战役惟一可称道的便是它的终结方式。堑壕中挖了陷井,并伪装成满员守卫的样子,枪支被固定好自动发射,枪支的扳机连着罐头盒,有沙子或水缓缓流入其中。12月18日和19日夜,最后的20000人从苏夫拉湾、澳新军团湾未被觉察地溜走了。总而言之,除了一个人因喝甜酒喝醉而溺死之外,83000人没有伤亡地撤离了。到1月9日,海勒斯角被收复,土耳其人也取得了同样的成功。

在加利波利半岛的这场九个月的战役中,协约国方面死了46000人。他们的死没有换来任何东西。

索姆河战役，1916年

由于西线在堑壕战中陷入僵局，法国和英国的将军们寄希望于单纯依靠大量的进攻兵力来取得突破，他们的乐观导致一天之内死去20000名英军。

在法国的东北部，1916年7月1日是炎热的一天。英国军队越过无人地带，注视着德国人在山脊上挖的壕沟和索姆河北面的林地，心中充满希望。第一天的目标，树木覆盖的波济耶尔山脊，清晰地屹立在前面4英里（6.4公里）处。"太阳从雾中升起，照射在我们四周的青草和蓟菜叶上的露珠上，"皇家萨塞克斯(Sussex)团的H·比德(H·Bidder)少校写道，"部队中弥漫着一种期待的、欢乐的氛围……我还从未遇到过这样的一种普遍的、欢快的期待情绪。"

温柔的乡村景色和英国志愿军的天真与即将发生的事情——军事史上最惨重的流血死亡，形成了可怕的对比。这将是整个战争中损失最大的一天，也是好几个国家悲剧的产生之时。这不仅仅是对英国而言，也是对英国自治领国家而言——加拿大、南非、澳大利亚、新西兰和印度。

灾难的起源

发起这次进攻的冲动来自乐观派的法国总司令约瑟夫·若弗尔（Joseph Joffre）。他是英法联军的高级指挥官。他曾提到要在两个协约国之间展开一次大规模突破行动。因而这次攻击必须选在两军的汇合处，而这个位置恰恰在索姆河上。但是法军正在凡尔登的保卫战中伤亡消耗而无法抽身。因此，这次进攻的突击力量只能由英军来承担。至1916年夏，英军部署在巴黎和大海之间

正如这幅不知名的艺术家的绘画所显示的，索姆河的战场一派恶梦般的景象：摧毁的堑壕，弹坑遍布的大地和正在腐烂的尸体

索姆河战役，1916年

近 80 英里（128 公里）的地段上。

英国指挥官道格拉斯·黑格爵士对此次战役的胜利很有把握。他想以单纯的武器威力来猛攻德国堑壕形成的防御工事：长时间的轰炸和坚决的进攻将会切断德军战线，然后在索姆河与海岸之间围歼德国人。过去一年中，西线的僵持局面证明他的设想事与愿违。但黑格将先前的不利归结为进攻不够坚决。对他而言，成功成了盲目的信念，他的心态是一种不断增长的乐观主义。他相信决定性的结果即将到来。

好几个月来，这个未来的战场出奇的平静。自 1914 年 10 月以来，索姆河北面的高地就一直为德军所占领。自那以后，就少有战事，双方都抱着一种"自己生存也让别人生存"的态度，圣诞期间也能和睦相处。英国军队在训练时，对面的德军清晰可见。然而，在这表面现象的背后，德军的防御却是难以应付的。

黑格的计划是依靠一轮大规模的、突然的炮弹齐射来摧毁敌人的士气，并且炸开铁丝网，轰平壕沟，端掉机枪据点。他有约 1500 门炮来实施此举，其中 467 门是重炮——在前线，每隔 20 码（18 米）就有一门炮。第二个关键因素——突然性——是不可能实现的。因为从头一年的 2 月开始，英军的准备就清楚地暴露给德军了。高级军官的意见分歧也损害了英军的计划：黑格要的是突破，而其他军官认为只可能取得有限的推进。不过，无论是哪一种行动，英军都不具备足够的炮火，特别是第一天进攻山脊的行动向敌人暴露无遗。

在山顶上

在 6 月的最后一个星期，当 200 万人沿着 30 英里（48 公里）的战线相互对峙时，英军在其 13 英里（21 公里）的前沿发起了一次大规模的炮火

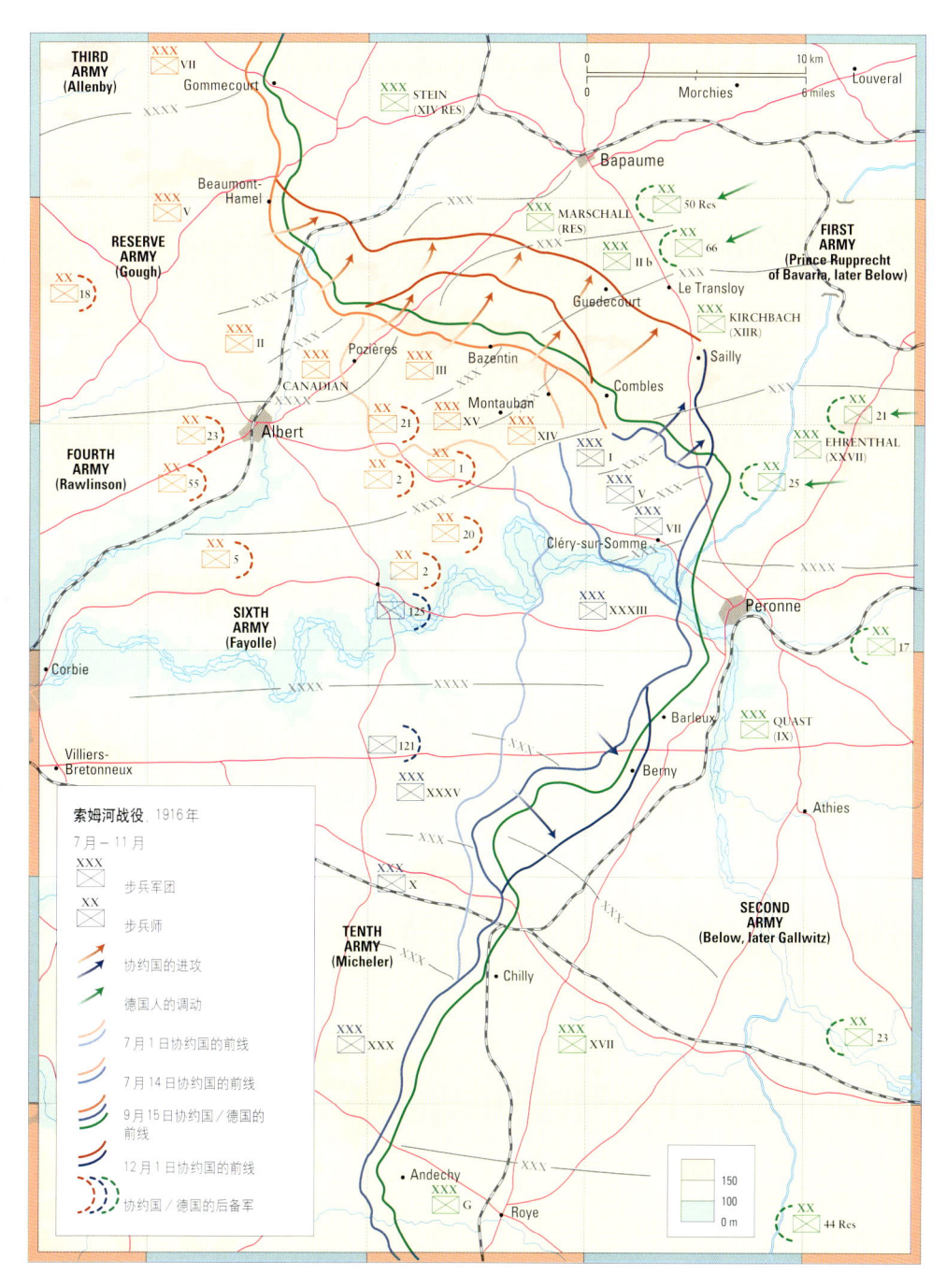

轰击。他们发射了100多万发的炮弹,将20000吨的金属和火药倾泻在德军阵地上。炮击所产生的巨大声响远在100英里(160公里)之外的海峡那边的平地上都能听到。

结果这次轰击很大部分都是全然无效的。大炮是平均地分布在前线上,而没有努力使火力集中在弱点上。很多大炮使用的炮弹是过时的,速度缓慢,无法穿透德军的掩体和炮台。因此这次炮击的首要目标——为步兵前进创造条件——未能实现。但是,步兵却依旧被命令前进。

步兵们的惟一希望是在炮火移向德军纵深的新目标之前,通过无人地带。这简直就是一次与死亡的竞赛。但这竞赛是不可能的,因为一方面每个人背负66磅(30公斤)的装备——约为体重的三分之一到二分之一之间——穿过满是稀泥和弹坑的泥沼般的地域。更重要的是,这些步兵要以"稳定的步调"前进,他们要排成如同九柱戏中的木柱般整齐的队列,自然,他们也如同木柱一般易受攻击。

当这些士兵趁着最后一阵炮火,在上午7点越过山顶后,他们肩并肩地形成100码(91米)间距的攻击波向前挺进。前面,掩护的炮火停止了。

前沿阵地上躲在掩体中的德军拽出了他们的机枪,就像在游乐场里的射击馆中射击似地扫射英国步兵。与此同时,未被破坏的德军大炮雨点般地射击着。

"我们根本接近不了德军,"皇家韦尔奇(Welch)燧发枪团的W·肖(W.Shaw)下士后来回忆道,"我们的小伙子像被割草似地纷纷倒下,你却无能为力。德国人的机枪架了起来,在壕沟顶端来回扫射。军官催促我们往前冲,说:'过来,小伙子们,跟着亮点!'(军官衣领后面的亮色)但你就是做不到。局势毫无希望。而那些年轻的军官们冲锋在前,亮点在微风中飞舞,然后就像苍蝇般地被拍掉。"结果这些前进的英军剩下的只有一小股一小股龟缩在弹坑中的残兵。不过,在南部倒有一些起码的进展。法国人在8英里(13公里)的战线上跨越了索姆河,以很微小的损失向前移动——部分原因是法国人前进的阵形不是那么严整,另一部分原因是德军把注意力都集中在英国人身上了。

在英军方面,每一次攻击,甚至当英军坚守阵地时,都导致浴血苦战。一个极端的例子是,第一新地团共有752人,仅在半个多小时内就有684人伤亡(91%)。到中午时,约100000人越过了山顶——其中20000人死亡,另有37000人受伤。

那天晚上,当第1步枪旅的第14排点名时,该排早上还有40多人,到这时却仅有1人答到,其他的39人都死了。惟一成功的战绩是第36阿尔斯特(Ulster)师经过西普瓦尔(Thiepval)推进了2英里(3.2公里),但因没有后备队的支持,最终陷于瘫痪,被孤立和分割开来。

在这一部分,英军仅俘虏500多名敌人,全部战线俘虏敌人也不到2000人。而法国人,沿着他们的较短的战线,竟俘虏敌军4000人。到第一天夜晚,英军至多前进了1英里(1.6公里)多。日复一日,一连两个星期,他们猛攻德军,除了又向前推进了2英里(3.2公里)的泥泞土地之外,乏善可陈,而代价是数千人的伤亡。

拖长的战争

7月中旬,英军第4军的指挥,亨利·罗林

为了保证军队的补给,一支马队携带着炮弹穿过一片满是冻泥的湖泊

索姆河战役，1916年

1916年7月在索姆河战场上英军的戴着防毒面具的机枪手摆好姿势让照相机拍照

森(Hery Rawlison)爵士，建议对一条4英里(6.4公里)长的战线发起进攻，目标是称作德尔维尔·伍德(Delville Wood)和海伊·伍德(High Wood)的山脊上的据点。他提议采用新战术，在夜晚前进，并进行迅猛的轰炸。开始，这些做法是奏效的。7月14日，20000人掠过了德军防线。印度骑兵的一次冲锋迅速地肃清了海伊·伍德的敌军。接着，德军发起反攻，海伊·伍德再度易手。对德尔维尔·伍德的攻击十分艰巨。这是由3150人的南非旅担任的。他们战斗了5天，时常发生肉搏战。等到援军到来时，仅剩下758人了。攻击延续到8月，但已完全沦为一场消耗战了。

既然英军意欲取得突破的想法已成泡影，黑格就应停止行动，但他已经许诺了一个巨大的胜利，因此不能——也不会——停止。如果无法取得突破，黑格便选择了"逐步推进"。这就是对波济耶尔山脊上的一支防守稳固的敌军实行持续稳定的攻击。其中有一段的攻击任务由澳新军团——澳大利亚和新西兰军团——担任。为了获得1英里(1.6公里)的泥泞土地，共有23000人伤亡。澳大利亚视此为一场谋杀，并为其指挥的无能、无情和昏聩而感到震惊。

9月15日的另一次攻击依靠了一个新发明：坦克，一种已经准备了一年的秘密武器。第一辆坦克"小威利"制造于1915年。黑格需要一种东西来打破僵局。但当时坦克还未充分运用于实践，且时常失灵抛锚。在调来的60辆坦克中，有49辆上了前线，32辆实际参战，但只有9辆实际上与步兵一同前进。所有看到坦克的人都为之惊讶。

"这到底是什么东西？"一位电影制片人，杰弗里·梅金斯(Geoffrey Makins)感到疑惑不解，"我敢打赌，我的视线都难以从它身上移开。这个家伙——我真不知道还能怎么描述它——以一种缓慢的、痉挛般的、不确定的移动向前爬行，……它踉跄摇晃，慢慢前行，颠簸震荡，隆隆作响，它——好吧，轮番做了所有的事。"当然，这个场面令德国人震惊。"他们面对这些怪物感到束手无策，它们从壕沟顶部爬过，从两侧向壕沟内不停地用机枪射击。"德尔维尔·伍德和海伊·伍德最终被夺下了，又得到了1英里(1.6公里)的地盘。但是同盟国却付出了高昂的代价，因为暴露了这场战争中最厉害的秘密武器。

最后一次攻击是在11月中旬。英军最多推进了5英里(8公里)。由于英军的进展十分迟缓，德军的防线得以重建，如同往常一般坚固。英国和它的自治领国共损失了420000人，法国损失了200000人，德国损失了450000人。用A·J·P泰勒(A.J.P Taylor)的话来说："索姆河战役给后人提供了一幅观察第一次世界大战的画面；勇敢而无可奈何的士兵；顽固的将军；徒劳无功。"

今天，这里的村庄重又归于平静。从那些在通往法国兰斯或里尔公路上急驰的人们身上很难看到当年战争的迹象。只有那些在小路上探寻的人才能找到一些隐藏的疤痕——土堆、暴露的壕沟、玉米地里的白色坟墓——这些会唤起曾有一百万人在此伤亡的记忆。

康布雷战役，1917年

在一场无谓的消耗战中，康布雷（Cambrai）战役带来了一丝打破西线僵局的希望。一旦指挥官们意识到了坦克的潜力，那么第一次大规模使用坦克标志着在战争和地形利用方式上转折点的到来。

1917年11月20日，在法国东北部的康布雷附近，越过微微起伏的丘陵望去，其景象不仅令进攻的英军，也令其敌人惊讶不已。近400辆坦克，在晨雾中隐约地显露出来，这么多的坦克首次集结作战。在一位英军的下士看来"看上去像一群巨大的癞蛤蟆"。坦克的前端载着大捆的木柴。这些古怪的、载着令人费解的荷载而笨拙地移动着的机器，就是将要突破敌军防线的神秘武器，这一防线步兵花了三年时间都未能攻克。

成败的根源

对于西线的英国及其盟国来说1917年是糟糕的一年。似乎无法打破可怕的壕堑战的僵局；无法突破德国人修筑的防御工事；也无法打破保守的指挥官的想法，以便放弃无效的炮火轰炸，或防止让更多的人列队齐进，面对机枪，穿过无人地带。

坦克——尽管不成熟，而且数量不多——在9月间，调动到索姆河来了，恰如在黑暗之中点了一盏灯。坦克的产生源于需要某种集移动、射击和防护功能于一身的东西，就像一艘陆地上的战舰。这种需要已被用在泥泞田野上并已取得了一些成功的一项新发明所验证：在履带上行进的拖拉机。欧内斯特·斯温顿(Ernest Swinton)陆军上校于1914年10月视察了壕沟之后，把这两者联系起来考虑。他建议设计一种"能摧毁机枪，能通过田野和壕沟，能冲破障碍物，能爬上土垒的"车辆。

在英国的领导人中，只有当时的海军大臣温斯顿·丘吉尔认为斯温顿的建议可以接受。而国防部和高级官员们，还沉浸在对骑兵优越性的迷信之中，反对这项建议。在丘吉尔的支持下，第一个研究当时所谓的"陆地舰"的委员会成立了。"坦克"这个词当时尚未发明——它是后来作为一个普通代码来指代奇怪的东西而沿用起来的。船舶学的术语让人联想起海军起源——即使在今天，坦克也有"船壳"。

第一辆坦克，绰号"小威利"，于1916年2月进行测试。随后订制了150辆。这些机器，重约30吨，长约26英尺（8米），能越过一道11英尺（3.3米）宽的壕沟。它们能以步行的速度爬行，行程可达24英里（38公里）。它们的支撑悬架很糟糕，就是说，履带行驶超过50英里（80公里）就容易发生故障。每辆坦克配备8人，包括每边履带各备一名刹车员，还有一名驾驶员。驾驶员依据指南针，通过如同方向舵似的拖在后面的两个轮子来控制方向。乘员们在诺福克的塞特福德附近的一个秘密的封闭场所进行训练。一旦准备

陆军元帅保罗·冯·兴登堡（1847—1934年），德军的总司令（图左），正与他的战略专家埃里希·冯·鲁登道夫将军（图右）和皇帝威廉二世（图中）商讨战局。兴登堡依靠着鲁登道夫作为参谋长的才干，这两个人统治着德国，是实际上的独裁者

英国第三军的指挥官，将军朱利安·宾勋爵，是鼓动使用坦克的人之一。他的计划因拖延而受阻。由于拖延，补给耗尽，这对于一次成功的坦克进攻而言是至关重要的。战后，他任加拿大总督五年

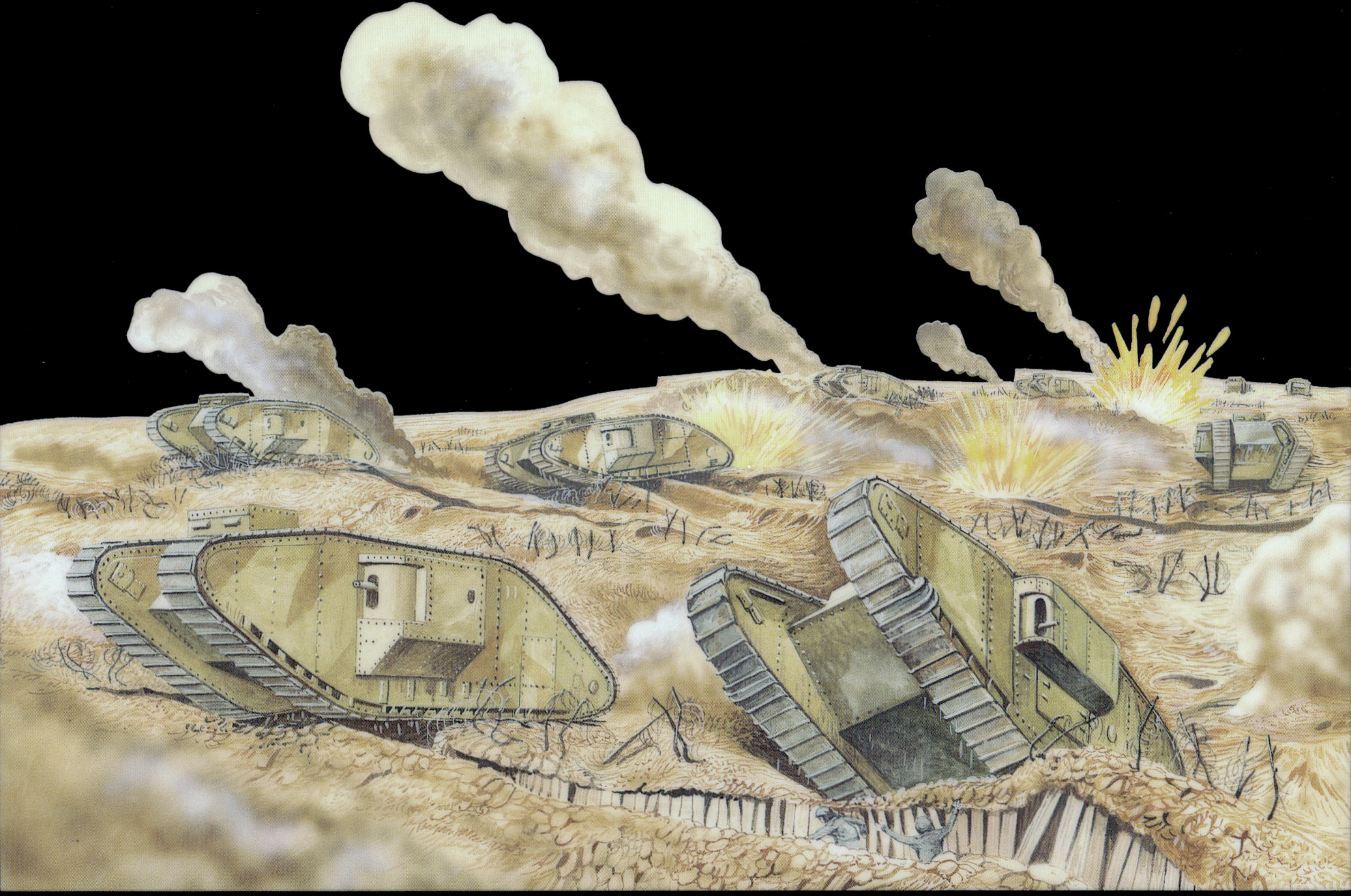

反坦克炮击

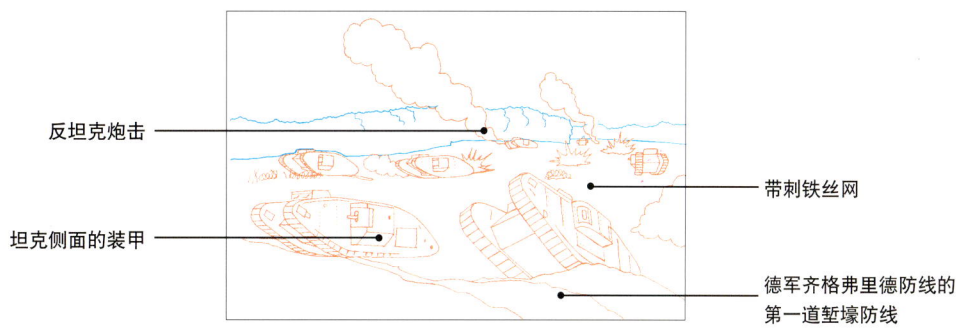

带刺铁丝网

坦克侧面的装甲

德军齐格弗里德防线的
第一道堑壕防线

康布雷战役，1917年

康布雷战役，1917年11月—12月

- II 坦克营
- XX 骑兵师
- XX 师
- 11月20日的英军进攻
- 11月20日的英军防线
- 11月21日—22日的英军进攻
- 11月21日—22日的英军防线
- 11月23日—28日的英军进攻
- 11月23日—28日的英军防线
- 德军防线

完成，这些坦克就会用于突然袭击中。

事与愿违。1916年9月，60辆坦克被运到了索姆河，这里的英军陷入了这次战争中代价最高、战果最微的战斗之中。其中有几辆坦克，技术尚未成熟，便投入了战斗，只帮助英军向前推进了一小段。但这样一来，也就暴露了这种本该保密的武器。

那位保守的、永远乐观的总司令道格拉斯·

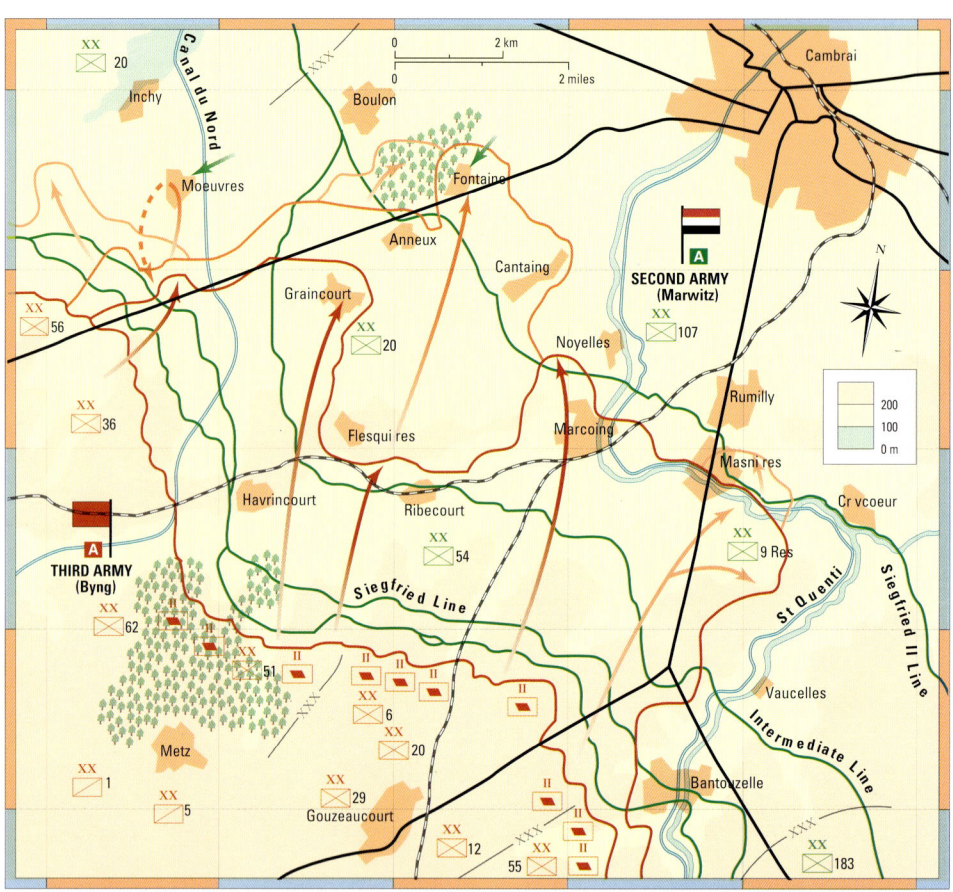

以坦克挺进作为先锋，英国人夺取了前所未有的5英里（8公里）纵深的阵地。英军的机枪手趁片刻宁静在夺取过来的位于里贝库尔（Ribecourt）的壕沟中休息

康布雷战役，1917年

黑格爵士，仍然把坦克蔑视为无足轻重的"小玩意"，其他许多军官也这么认为。但是新成立的坦克军团的指挥官们看到了坦克的潜力。1917年8月，当英国和自治领国家的士兵正在帕斯陈达克尔(Passchendaele)的沼泽中不断阵亡时，坦克团的指挥官建议在康布雷发起一次袭击，位置在康布雷以南50英里（80公里）的一片起伏地带，该处通过两条运河，排水良好。目的是以悄悄的和快速的方式来突袭敌人。攻击时不进行先期轰炸。坦克将摧毁敌军，瓦解其士气，然后在三个小时后迅速撤离，并不占领地盘。黑格还一心想在帕斯陈达克尔取胜，于是推迟了实施这个建议。只有到了秋天，当那个战场上的可恶的淤泥吞没了黑格的雄心时，他才接受了这个建议。

由于时间充裕，又得到第三军的指挥官，将军朱利安·宾勋爵的支持，这个计划的规模也扩大了。但它仍然保留了两个关键的做法：使用坦克，不做前期轰炸。坦克将作为先驱，在两条运河之间进行突破，越过兴登堡防线，占领康布雷镇，占据以弗莱斯奎西雷斯(Flesquiceres)村庄和以布尔隆(Bourlon)树林为标志的高地。然后，迅速向法国的瓦朗谢讷（Valenciennes）东北方向25英里（40公里）处进发。为了越过牢不可破的德军防线——他们称之为齐格弗里德防线，而协约国称之为兴登堡防线，是以德军总司令的名字来命名的——坦克将携带大捆的木柴，称作"柴捆"，用来填平壕沟。

这是一个真正的新的战术基础。在坦克后面，步兵排成单纵列——而不是并排地横行——跟进杀敌。坦克和步兵，两种兵种协同作战，紧密配合，坦克开路，步兵紧随其后，以保护自己免遭近距离攻击。

德国人面临着这种金属怪兽的进攻，机枪和手榴弹都伤不了它，它还能跃过壕沟

这个计划也埋下了失败的隐患。此时，这个行动已经成了一个主要的进攻了，需要后备军的支持。但当这个计划被批准时，由于原计划在11月20日另有一次进攻，所有的后备军都被调到别的地方去了。

除此而外，准备是细致的。"我们所有的行军都在夜间进行，白天则隐蔽起来，"皇家野战炮兵部队的乔治·塞缪尔(George Samuel)上尉在给他的未婚妻的信中写道，"不准生火、射击——事实上，在夜晚用一下手电都近乎是犯罪！"使用毒气、烟幕和假坦克的佯攻欺骗了德军，当381辆真坦克在6英里（9.6公里）的战线上开进时——没有过去通常在进攻前进行的轰炸——这个欺骗成功了。

攻击

他们仅在一处遇上了麻烦。在中央附近靠近弗莱斯奎西雷斯的地方，第51高地师保守的哈珀将军怀疑这种新武器的功效，因此，他比别人晚出发了一个小时，他不相信兴登堡防线会这么快被突破。这个拖延给了德军调出野战炮的时间。而且哈珀让他的坦克和步兵分布得太开了，结果

康布雷战役，1917年

早期的坦克以步行的速度行驶且不易操纵。这辆坦克在落入一个弹坑之后就失去战斗力了。

德军的机枪手和炮兵得以轮番地集中攻击坦克和步兵。坦克兵绝望地操纵着笨拙麻烦的控制机件来按"之"字形路线行驶，机枪手则试图还击。但在颠簸、摇晃和转动的行进中想准确地瞄准实际上是不可能的。坦克一辆接一辆地被击中。那些未被直接杀死的坦克兵也被烧死了。

后来，有些报道暗示说，有一门德国炮击毁了数辆坦克，尽管无人能加以肯定。当然，后来是发现了五辆烧焦了的坦克车体。英军中的谣言——哈珀自己就热心地支持这种说法——很快就传开说，仅一名德国炮兵就击毁了16辆坦克。支持骑兵的军官们抓住了这个传言作为坦克无能的"证据"。

事实上，在其他的所有地方，到中午时，坦克和步兵已经迅速地穿过了德军的三道防线，绕过了弗莱斯奎西雷斯的封锁，并向前挺进达5英里（8公里），直抵布尔隆树林的边缘。在西线还从未有过这样的成功。乔治·塞缪尔的反应说明了普遍的兴高采烈的情绪："六个小时真正的欢乐……想想那数百辆'坦克'，想想那数百挺机枪、大炮，所有这些都悄悄地秘密地进行着，并突然向德国佬发起冲击，没给德国佬以任何麻烦来临的警示。我无法克制这个奇迹带来的兴奋。"

这次的推进相当于在索姆河或在伊普尔（Ypres，今伊珀尔，位于比利时）一个月苦战的

1916年9月为数不多的尚不完善的坦克参加了索姆河战役，它们所取得的充满希望的成功给人以鼓舞，这种新机器被视为一种能赢得这场战争的武器

康布雷战役，1917年

结果，而且在那里伤亡人数多达数万。相反地，在康布雷战役中，第一天的伤亡人数仅为1500人，而俘虏敌人达10000人，缴获大炮200门。当这个消息传到伦敦时，教堂里响起了在战争中惟一的一次钟声，为的是庆祝这次胜利。

但之后，整个下午进攻受阻。当德军的援军飞速赶到来封锁突破口时，英军却没有预备部队来接替疲惫不堪的进攻部队。显然，英军的指挥官同德军指挥官一样，对坦克的成功感到惊异。英军的一次骑兵冲锋，被带刺的铁丝网和崎岖的地况所阻，不得不减缓前进速度，从而轻易地成为德军机枪的猎物。

第二天，进攻继续进行。英军好不容易拿下了弗莱斯奎西雷斯，又向前推进了1.5英里（2.4公里），拿下了枫丹·圣母玛利亚(Fontaine - Notre Dame)村，但一天后又失去了该村。其后九天里，前线上的阵地，包括遭受严重破坏和废弃的枫丹·圣母玛利亚村，时得时失，数易其手。

与此同时，德军一直在调遣他们的援军。有迹象表明，德军将要反击报复了：大量的德军侦察机在英军上空飞行，而英军飞机则被炮火从敌军密集的地方赶走。但是这些迹象——阵地上的军官的所有报告——却被英军指挥官们忽略了，他们还在为先前的推进而兴奋得意。

11月30日，轮到德军进攻了。没有预先的轰炸，在毒气和烟幕的掩蔽下，新投入的德军步兵插入疲惫不堪的英军力量薄弱的防线，夺取英军的炮位，迫使英军撤退。约6000名英军被俘，仅仅几天内，英军所有夺得的地盘又都失去了。

在英国国内，沮丧替代了十天前成功的兴奋喜悦。一份官方调查报告成了这场战争中最为臭名昭著的掩盖事实真相的事件之一。报告称这次失败完全要归咎于那些不可理喻的人——低级军官和阵亡士兵，指挥官无可指责。如果再说三道四就会动摇公众对军方领导的信心。

惟一留下来的是人们认识到正确地、负责地运用坦克和步兵协同作战所能产生的战斗力。基于这一认识，在1918年8月8日，英军动用了456辆坦克，终于突破了德军防线，迫使德军走向投降。德国的军事领导告诉他们的议会，德国国民议会说，最主要的是坦克使任何继续抵抗变为不可能了。如果没有康布雷战役，协约国的胜利，如果还有可能的话，将只能以一种大不相同的，而且可能是更血腥得多的方式来取得了。

回首往事，温斯顿·丘吉尔思考了西线的不必要的杀戮，提出一个修辞性问题：还能做旁的什么呢？"我指着康布雷战役，回答说：'能够做到，'也会做到，只要将军们不甘于用英勇的士兵的胸膛去和机枪子弹搏斗。"

在反攻的过程中，德军正移动一门野炮，这次反攻夺回了他们在康布雷战役中所失去的所有阵地

珍珠港之战，1941 年

以航空母舰为基地的鱼雷和战斗轰炸机部队所执行的对珍珠港的攻击是以完全的突袭实施的。两个国家都尚未开战，各种警示迹象都被忽视了，招致灾难性的结果。

1941 年 12 月 7 日，星期日的黎明，驱逐舰 U.S.S. 沃德号(Ward)正在夏威夷瓦胡岛上的珍珠港美国海军基地的入口处巡弋。正在监视海上情况的海军上尉威廉·奥特布里奇发现了禁航海域中的一艘小型潜艇的瞭望塔。他下令开火，潜艇下沉。当他向上级报告了这一事件后，另一艘巡逻艇奉命前往调查。事情就此了结。谁也没有疑心这艘小潜艇的重要作用：它是在前面为舰队担负侦察任务的五艘小型潜艇之一，它们都是从不足 300 英里（480 公里）之外的日军舰队的更大潜艇上发出的。在这支舰队的航空母舰上，日军的战斗机正在为这次决定战争进程的攻击做准备。

战争之路

美国和日本的紧张关系在一年多的时间里逐步升级。日本自从1931年以来就在中国的满洲建立了一个大陆帝国，它已建成了一支可怕的舰队，并野心勃勃地企图要建立一个太平洋帝国。1940年，日本同德国、意大利结成同盟。作为回应，罗斯福总统命令美国太平洋舰队进驻珍珠港基地。德国在西欧的胜利刺激了日本，使日本对法国和荷兰在东南亚的领土垂涎三尺。日本渴望得到荷属东印度群岛储量丰富的石油和橡胶，以便为其扩张战争提供资源。没有这些资源，日本的253艘战舰、3000架飞机和庞大的军队很快就会寸步难行。当罗斯福在7月间冻结日本在美国的资产时，日本联合舰队的总司令海军大将山本五十六，确信战争是不可避免的。他决定抢先出击。

这是一个大胆的冒险。山本是一个有才能的海军战略家，他曾就读于哈佛，对美国的实力十分了解。他确信，取得胜利的惟一方法是以迅速的一击消除美国在太平洋的势力。他从一次老式的英国剑鱼飞机携带鱼雷发动的攻击中得到了灵感，英国的那次攻击发生于 1940 年 11 月，在多伦多港，共击沉了三艘意大利主力舰。美国人认为珍珠港的水太浅，无法实施鱼雷发射。但日本人模仿了新式的英国设计，新设计可使鱼雷在 40 英尺（12 米）深的水中发射。届时，鱼雷轰炸机将率先发起攻击，日子选在星期天，美国的休息日。按照山本的预计，美国将会重整力量，但与此同时，日本将赢得时间，通过建立一连串的基地，巩固它的新帝国。

这个战略的实施关键是保密。日军舰队必须航行12天才能将日军的战斗机运至有效攻击距离内，而所有舰艇必须在不被发现的情况下行进。为了掩盖这项计划，日本放出了一连串的误导信

海军大将山本五十六（1884 – 1943 年）原本不主张同美国开战，但一旦战争不可避免，他主张采取先发制人，一举歼灭的作战方式。后来，他被任命负责指挥所罗门群岛的海军行动。1943 年4月18日，山本的座机在布干维尔岛上空被美军的战斗机击落，山本因而身亡。

海军上将赫斯本德·E·金梅尔，珍珠港的美国太平洋舰队司令，也是后来因这场灾难而受到谴责的人物之一。

珍珠港之战，1941年

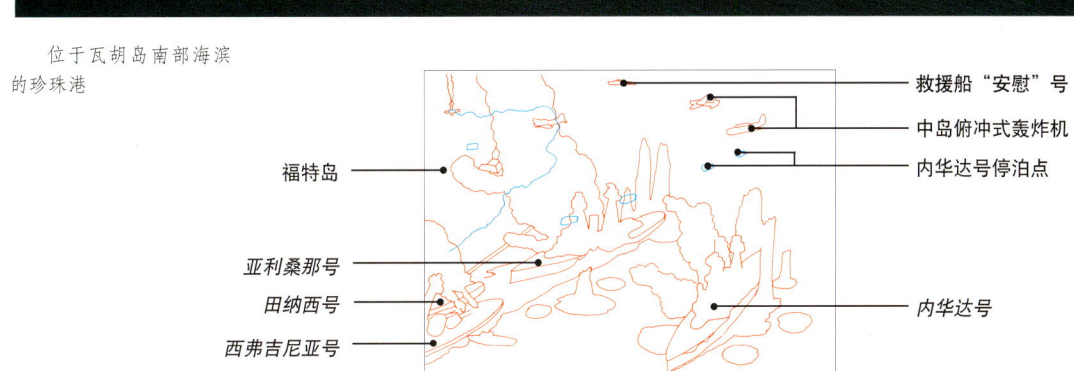

位于瓦胡岛南部海滨的珍珠港

救援船"安慰"号
中岛俯冲式轰炸机
内华达号停泊点
福特岛
亚利桑那号
田纳西号
西弗吉尼亚号
内华达号

珍珠港之战，1941年

息。11月26日，舰队从千岛群岛出发时，伴之以易于探知的明码信息交换，而虚构的暴风雨来临的无线电广播恰好掩盖了这一行动。在华盛顿，日本公使继续进行欺骗性的谈判，直至攻击的当天为止。一艘豪华客轮佯装驶往旧金山，进行一次和平之旅，但却被密令在12月6日返航。

这个战略奏效了。尽管有情报报告说，一场攻击即将发生，美国的指挥官却相信日本将首先攻击东南亚。因此，由6艘航母，附带22艘支持舰只，以及3艘潜艇组成的日军舰队在漆黑无月的拂晓之前，停在夏威夷以北230英里（368公里）的海面上而未被觉察。早晨6点，将形成第一攻击波的飞机起飞：40架低空鱼雷轰炸机（中岛 B5N2s，被称为"凯茨"），另外有50架高空"凯茨"，50架"瓦尔"俯冲轰炸机和50架"零"式战斗机。组成第二攻击波的170架轰炸机则在1小时后起飞。

虎！虎！虎！

两个半小时之后，美国雷达操作员在他们的屏幕上发现了一个巨大的光点。他们认为这肯定是美国的B—17轰炸机正从美国本土飞来。接着，在港外，沃德号用深水炸弹击沉了试图通过的五艘小型潜艇中的另一艘。这一次，岸上仍然没有人疑心真正的麻烦悄悄来临。在宽阔的港湾中，一切都很平静：在90艘较小的舰只的护卫下，美国舰队的八艘主力舰停靠在码头旁，呈"主力舰行列"排开（第八艘停在干船坞中）。在位于舰队行列北端的内华达号上，海军军乐队正在为早晨8点升旗时所要进行的演奏做准备。直到此时，值班的军官才将刚击沉另一艘小潜艇的怪事报告给

一张日本人拍摄的照片显示了福特岛在袭击开始时的样子。一架"凯茨"飞机在直接命中"俄克拉何马"号后正在转离开去

了太平洋舰队总司令赫斯本德·金梅尔（Husband Kimmel）海军上将，此时，上将正在他的位于港口上游的家中。与此同时，日本的攻击机群，在超过9800英尺（3000米）的高空厚厚的云层之上向南飞行。日军指挥官光雄滕千田（Mitsuo Fuchida）副司令，在他的电台中收到了来自火努鲁鲁（檀香山）的夏威夷音乐，于是他知道已经接近了他的目标。他发现厚厚的云层中有一条空隙，他带领他的机群下降，沿着瓦胡岛的岸线飞行，计划从岛的南部绕进。大约在金梅尔接到电话之时，日机开始分头攻击，有的对准机场，但多数直奔港口。

珍珠港之战，1941年

滕千田看到一片绝好的景象——战列舰、巡洋舰和其他小一些的舰只，总共94艘，成了固定的靶子。美军自信不怕鱼雷攻击，一直未用反鱼雷网将他们的舰队围护起来。在内陆，美军的飞机停放在机场中央，以保护它们免遭当地日裔人的破坏。滕千田对成功满有把握，发出了预先安排的胜利信号，"虎"字重复三次：虎！虎！虎！

后来，对这场灾难的谴责落到了金梅尔和身为该岛驻军司令的沃尔特·肖特(Walter Short)中将身上，结果，二人都被免职。然而，让他们承担这场灾难的全部责任并不公平——他们只是反映了一种普遍的对这场危险毫无觉察的倾向，当时没人相信，日本人会攻击一个离本土4000英里（6400公里）的基地。更有甚者，自以为是又加上了军纪松懈，当一则警告的电报——由于有情报报告——发送至夏威夷时，竟无人值班来接收这则电报！毕竟，这是星期天的早晨。就在上午8点之前，金梅尔还正在接电话，听他的值班军官，指挥官文森特·墨菲(Vincent Murphy)报告小型潜艇之事，电话的另一端的声音突然中断了。从20英里（32公里）以北的海军空军基地收到一则消息，墨菲目瞪口呆地读着电报："珍珠港遇空袭！这不是演习！"金梅尔放下了电话，亲自跑出去看。日军的"凯茨"飞机，在100英尺（30米）的高度上嗡嗡飞来，释放它们的鱼雷，击中五艘战列

珍珠港之战，1941 年

舰：加利福尼亚号、俄克拉何马号、西弗吉尼亚号、亚利桑那号和内华达号。亚利桑那号的烟囱下方被直接击中，引爆了一个弹药库，发生爆炸。而此时，西弗吉尼亚号因为迅速地排出灌水取得了平衡，而免遭倾覆的命运。接着，从更高的空中，炸弹击中了剩下的两艘，马里兰号和田纳西号。人们从甲板上跳入已浮了厚厚一层油的水中，油着火燃烧，吞噬了他们许多人。

机场也遭到猝不及防的袭击。在离岸边 8 英里（13 公里）内陆的福特·沙父特（Fort Shafter），人们已排好队列准备吃早餐。他们惊讶地看着日本"零"式战斗机呼啸过来进行攻击。他们还没意识到危险性，飞机上的机枪就开火，当下击倒了数十人。在惠勒·菲尔德（Wheeler Field），希克汉（Hickham），和卡内奇（Kaneohe）海军空军基地，飞机很快便成了燃烧的残骸。1 小时后，藤千田带领他的机群离开战场，返回航母。

此时，美国飞行员和射击手集合起来，迅速地面对日本的 170 架轰炸机和战斗机形成的第二攻击波。在港内，当内华达号正挣扎着驶出港口，进入海面，然后又转向干船坞时，日本俯冲轰炸机又一次击中了它；宾夕法尼亚号被滚滚浓烟所

西弗吉尼亚号上的幸存者从燃烧的船体中被解救出来

珍珠港之战，1941年

包围；当一个弹药库被击中爆炸时，停在干船坞中的巡洋舰"肖"号断裂开来。到上午10点，袭击全部结束。而到下午1点，日军安然离开，360架飞机仅损失29架。他们在身后留下了可怕的毁坏和惊慌的人群。西弗吉尼亚号正在倾斜；亚利桑那号断成两截，倾覆沉没，带着1000名被困的船员一同葬身海底，俄克拉何马号翻了个个儿，它的桅杆插入淤泥之中；而加利福尼亚号沉到了水底，直淹至它的上层部位。另外13艘较小舰只被毁坏或击沉，而188架飞机——包括大多数的美国海上飞机——被摧毁。在海上，五架从航母企业号上起飞赶来的飞机被自己过度紧张的炮手击落。合计起来，约2400人遇难。

灾难引向胜利

起先，珍珠港之战看似得意之作，它是日军推进的关键。到1942年5月，日军已穿过整个东南亚、荷属东印度群岛和新几内亚，直抵澳大利亚海岸。但是，事后斟酌，这场攻击并不必要。如果日本人去攻击菲律宾群岛、婆罗洲和爪哇——如1941年夏天所计划的——美国的太平洋舰队可能不会做什么大的反击，而日本就能获得大量领土及它所寻求的资源。

从战术上讲，这次攻击的破坏性不像它看上去的那样大。珍珠港的船坞设施和石油供给设备很大部分未遭损坏，保留了下来。只有四艘战列舰被击沉。在航空母舰处于战略主导地位的时代，两艘美国航母，列克星顿号和企业号，均在港外，安然无恙。甚至已经造成的破坏也是可以恢复的——内华达号参加了诺曼底登陆战和硫黄岛战役；另外五艘战列舰被及时修复，加入了三年之后进入菲律宾的战斗。更重要的是，这场攻击将

上图：在第二轮攻击之中，停在船坞中的"肖"号驱逐舰被击中，火药库发生爆炸

右图：洛杉矶时报的首页。该市的一家电台警告说，即将发生入侵，成千的武装人群纷纷响应，他们在法院聚集起来

美国从一个努力维护和平的国家变成了一个处在战争边缘的国家。在那之前，很多人都忘不了第一次世界大战的恐怖场面，对卷入到第二次世界大战中是否明智心存疑虑。现在没有疑问了：这次突然袭击被认为是残酷无情、不讲信义、不可饶恕的。人们继愕然和难以置信之后，便是极度愤怒和有些慌乱——旧金山宣布进入紧急状态，担心遭到入侵。成千上万的人团团围着所有的征兵办事处。珍珠港之战在把美国和未来的盟国联合起来了，这比任何其他行动所起的作用都大。罗斯福总统在第二天宣战，他对发出欢呼声的国会说，12月7日是"一个永远生活在耻辱之中的日子。"英国在同一天也向日本宣战。从此，直至日本失败，它再无宁日了。

战略和战术上的失误，又加上历史上最为灾难性的政治误断，日本吁请它的盟国德国加入对美作战。此前，美国还没有与希特勒作战的专门理由，因为依据条约，德国仅在日本遭到直接打击时才须对它进行援助。但希特勒无法拒绝参与日本的野心勃勃的行动。此外，希特勒肯定美国将会对他宣战，而他总想让人知道他是先入为出的人。他对欢呼的德国议会说："我们总是先发制人！"12月11日下午2:30，美国驻柏林的代办被告知，"德国认为自己已与美国开战。"

四天之内，一场主要是欧洲范围的战争演变成了一场真正的世界大战。既然日本或德国并无现实可能性夺取美国广阔的无限的物质资源，那么，珍珠港的袭击实际上决定了这两个国家失败的命运。

埃及阿莱曼沙漠战，1942年

由于在军队数量上占有优势，而且盟军控制了德国和意大利的补给线，蒙哥马利将军赢得了北非战役中的这场决定性的战争，为英美进攻意大利开辟了道路。

埃及阿莱曼（El Alamein），不过是埃及沿海的一个小城镇，但它的名字却成了二战中欧洲伟大的决定性战役之一。对这场沙漠大战中的幸存者而言，这个名字能唤起关于骇人的炎热、沙暴和死亡的严酷记忆；对战略家说来，它代表了这场战争中最猛烈的对抗战之一，它不仅是两支庞大的坦克军队之间的战争，而且也是历史上两个最具鲜明个性的人之间的对抗：人称"沙漠之狐"的德军隆美尔将军，和他的对手蒙哥马利——仰慕他的军队亲切地称他为"蒙蒂"。

抗衡中的北非

1940年6月，意大利加入了战争，企图占领北非和英国控制的苏伊士运河。但结果适得其反，他们被完全地击败了，从而使得英国军队构成了对德国向希腊进军的威胁。希特勒为了消除这一威胁，并挽救他的靠不住的盟友，派来了欧文·隆美尔将军。隆美尔将军是一位精明强干，足智多谋的坦克指挥官，他在入侵法国的战争中脱颖而出。隆美尔完成了辉煌的进攻，将英军赶回到埃及的边境，甚至威胁到英国在整个东地中海的地位。1942年6月末，隆美尔开始向开罗和苏伊士运河进军。如果苏伊士运河沦陷，隆美尔将可以轻易地继续前进，横扫石油丰富的中东，与在苏联的德国军队会师。然而，事实并非如此，1942年7月初，由将军克劳德·奥京莱克（Claude Auchinleck）爵士指挥的英国第八军开始驻守在距离亚历山大60英里（96公里）的海滨小镇阿莱曼。在那个7月中，经过一场后来称为"第一次阿莱曼"的战役，使战局进入停顿状态。是最后打败沙漠之狐的时候了，而邱吉尔恰好有能担当此重任的人：陆军中将伯纳德·蒙哥马利。

这项任务面临新的紧迫性，但也存在新的希望。因为美国和英国于7月25日确定了一个经由北非攻入欧洲的重大计划。盟军计划在11月初进入西北非，两面夹击隆美尔。蒙哥马利恰好是在资源、战略和空中力量方面均占优势，最有获得成功的机会的时刻担任指挥。

蒙哥马利似乎是一位万验灵药式的人物。他是一个不循规蹈矩的古怪的人。他从未指挥过大规模的装甲部队。但他有才华、果断坚决、全身心地投入到这场战争中。他在他的敞篷车的边上贴有一张隆美尔的照片，并附莎士比亚的《亨利五世》中的一句引言："噢，战争之神！让我的士兵心坚如钢。"而且他很了解宣传教育的力量，他总是戴着一顶黑色贝雷帽，使人一眼便能认出他。他声称："那顶贝雷帽顶得上两个师！"

隆美尔的8月末的另一次进攻也受挫，原因是他的补给船因遭到以马尔他岛为基地的盟军飞机的攻击而蒙受损失。再说，德国人仅有203辆

伯纳德·蒙哥马利将军（1887—1976年），头戴他所惯戴的王室坦克团的贝雷帽。他擅长于在公众面前的表现使他深得部属的爱戴，但却时常激怒他的上司。蒙哥马利自第一次世界大战期间在王室沃里克郡团服役便开始了他的职业军人生涯，他又历经在非洲和意大利的战争，终于成为了1944年诺曼底登陆中地面部队的指挥官

欧文·隆美尔将军（1891—1944年），同蒙哥马利一样，是一名在一战中首次参战服役的职业军人。在北非他对英国第八军杰出的早期胜利为他赢得了"沙漠之狐"的绰号。当1944年他纵容谋杀希特勒一事暴露后，他被迫在由军事法庭判处死刑和自杀之间做出选择。他选择了服毒自杀

坦克来对抗英军的767辆坦克,因而未能突破,于一周后撤退。其后六周,双方都在为行将决定北非命运,进而决定盟军进入西北非的计划的成败而做准备。

隆美尔知道,他无法依靠兵力上的优势。处于他的非洲军团核心的两个坦克师也许曾经无与伦比,但在他的100000人的部队中,有50000人是意大利人——起先正是由于他们的失败才把他带到了北非。另外,他的新补给中仅有一半能通过盟军的海、空封锁。于是隆美尔改变了规则:他抛弃了运动战而代之以防御战,他构筑了一条长达40英里(64公里)的防线,这在沙漠战中是前所未有的。这条防线沿着米泰赖亚(Miteirya)山脊的高地延伸,堵住了滨海的阿莱曼和无法穿越的盖塔拉(Qattara)洼地沼泽之间的通路。

隆美尔防线的关键是一片纵深5英里(8公里)的综合雷区,德国人把它称之为"魔鬼花园"。在这50万颗地雷中,有恶名昭著的S雷:它能跳到空中在齐腰的高度下爆炸,以及"辨识"雷:它可以承受步兵的体重,但却会在一辆卡车或坦克下爆炸。这些地雷被十分狡猾地按照精心规划的"高速公路"埋设,有意将进攻者引入到一个迷宫之中,而无法走出。

与此同时,蒙哥马利已将第八军建成了一支兵力十分占优势的部队——有近200000人和超过1000辆的坦克,同时配备有2300门大炮和530架飞机。不论怎么算,这一数量都接近于隆美尔兵力数量的两倍。蒙蒂的军队是一支混合军队,有澳大利亚人、新西兰人、印度人、南非人,甚至还有一些自由法国和希腊的旅,他极好地将他们变为自己的军队。特别是,他开始将相互竞争的军种——步兵、坦克兵和空军——融合为一支单一的军队。

而且,蒙蒂有许多带有75毫米大炮和高爆炸性能的炮弹的美式舍曼坦克,它们能在远距离将德军的反坦克炮摧毁,它们比有些较老式的英国坦克,如瓦伦丁型的坦克更能匹敌 IV 型坦克。

然而,对于地雷,光靠兵力是无济于事的。幸运的是第八军可以利用新发明的探雷器扫雷。这种装置在地面上方来回扫动,如果掠过金属上方,就会发出一个高频鸣叫。在阿莱曼有500件探雷器可供使用。另外,由过时的马蒂达斯(Matildas)坦克改制的"巴伦"坦克装有链条连枷,可以引爆路上的地雷。蒙蒂办事周密,不存侥幸心理,在建设他的装甲部队时,他下令在战线的南部建立一个假军队基地——设有假输油管、假铁路、假卡车、假供应站,甚至还有硬纸板做的士兵。而同时,在可怕的炎热和令人发疯的沙暴中,他的士兵在北部构筑了伪装良好的真正基地。

英国破译密码人员的才能成就了对敌人的最后一击。他们不仅披露了隆美尔的补给问题,还发现了一个天赐良机。在9月,隆美尔因黄疸和高血压卧病不起,只得返回维也纳进行治疗。破译人员披露接替他的人将是陆军中将乔治·斯顿(Georg Stumme),一个俄国前线的老兵,对沙漠战毫无经验。

某非洲军团装甲师的一辆加斗摩托车。这样的侦察部队对隆美尔军队的机动灵活性起到了主要的作用,从而大大提高了隆美尔部队的战斗力

1942年11月3日,澳大利亚士兵小心翼翼地穿过一层浓浓的烟幕向德军阵地挺进,这是盟军突围的前一天

攻击和僵持

这次进攻,代号是"捷足",开始于10月23日夜晚。在一轮满月下,四周的寂静被1000门英军大炮的轰鸣和数以百计的坦克的隆隆声打破。坦克为扫雷工兵轰出一条路来,工兵们小心翼翼地往雷区中开辟道路,用带子和带罩的灯来作标记。一位澳大利亚少校后来回忆,当步兵在炮火的掩护下穿过一片笼罩的硝烟时,"大地就像铜鼓皮似地在我们脚下颤动。"由坦克和上了刺刀的步兵担任的主攻集中在海岸附近的一条4英里(6.4公里)长的战线上。同时,在德军防线的南端则发起了一次牵制攻击。

整夜,英军在雷区里穿行。第二天的白天黑夜,英军继续向前推进。这是一个缓慢、危险的进程,在狭窄的小道上车辆阻塞,完全暴露在德军的炮火下。盟军的成功迫使德军进行反击。但此时,德军面对的是一个组织良好的英国装甲楔形。到第二天晚上,德军的防御部队的第15坦克师已经失去了四分之三的坦克——但却成功地阻止了英军的前进。盟军突破的可能丧失了。

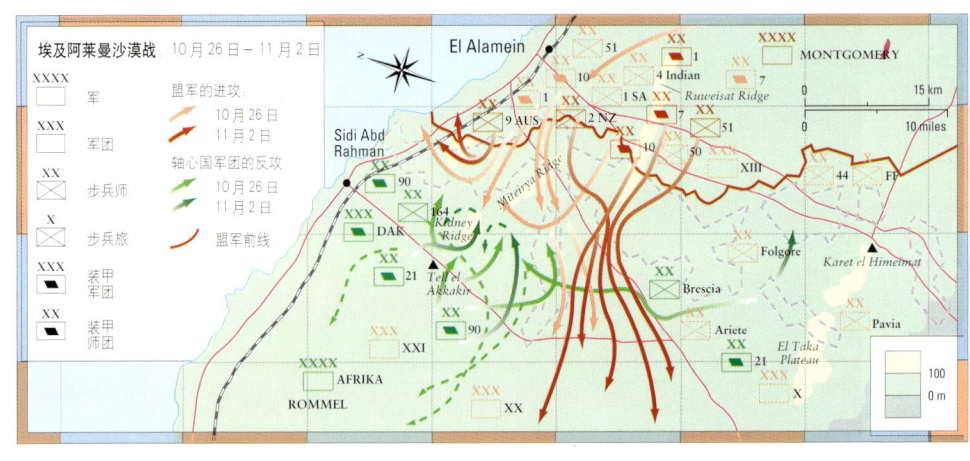

此时,命运再一次让德军调换高级指挥。攻击开始后的第二天,斯顿将军被一次爆炸炸出车外,而他那个不知所措的司机竟将他丢在了沙漠中。(他的尸体好几天后才被发现,他死于心脏病发作。)24日晚,正在维也纳附近康复之中的隆美尔接到希特勒的一个电话。"非洲来的消息听来很糟,"这位元首说,"似乎没人知道斯顿将军出了什么事。你感觉自己的健康状况怎么样,能回非

左下图:一门令人生畏的德国制造的88毫米炮正在使用中。这种武器原本是作为防空炮来设计的,当其在地面战斗中使用时,其威力令人胆寒。它能在6.25英里(10公里)的射程内将一辆坦克摧毁

下图:一枚德国炮弹在一辆英国坦克的安全距离之外爆炸

在这幅泰伦斯·库内奥所作的画中,1942年10月27日,步枪旅的第二营打退了德军向"肾脊"的进攻

洲吗?"隆美尔没有犹豫。第二天晚上,他回到了阿莱曼。

在接下来的两天中(26日和27日),双方僵持在一座名叫"肾脊"(英国人因其形状而这样称呼它)的小丘上。德军和意军四度进攻,均未奏效。第五次进攻遇到了一轮大规模的轰炸袭击,为时两个小时,英军飞机在一小块仅3英里(4.8公里)长、2英里(3.2公里)宽的地面上投下了高性能炸弹。德军被迫退却,但英军未能开出一条前进的道路。

蒙哥马利将军,高度自信和机动灵活,迅速地拟出了另一个计划。他将其代号命名为"超级冲锋",以使之具有鼓舞士气的影响力。首先,他将推进的方向转向北方;接着,当这一进军又被德国装甲部队的一次猛攻阻挡时,他再度开始从"肾脊"上发起攻击。11月2日夜,超级冲锋开始了,但英国人及其盟友再一次发现自己陷入到雷区之中。到了黎明时分,他们成了德军炮火的固定靶子。到黄昏时,他们又损失了200辆坦克。

双方都濒临绝望。隆美尔下令撤退,但他收到了来自希特勒的让他收回成命的特别命令:"寸土不让。你的敌人,尽管兵力占优势,但必定也已是强弩之末了。"当天晚上,也就是3日晚上,隆美尔给他的妻子露写道:"我再没有什么希望了。夜里,我睁大着眼睛躺着,我肩上的负担使我无法睡眠。"即使是蒙蒂,也开始怀疑起最后的胜利。而他的上级——特别是丘吉尔——开始担心隆美尔会挺过去,并会击退原计划将在四天后进入西北非的盟军,因此变得焦灼不安。

事实上,盟军远未到力量殆尽之时。隆美尔仅有55辆坦克——而且状况越来越不好——而盟军有超过600辆坦克,而且状况越来越好。但盟军的损失令人惊讶:德军每损失一辆坦克,盟军就要损失四辆。最终,是单纯的兵力对比——加之德军停止撤退引起的混乱——起了决定作用而使盟军取得了胜利。德军能坚持这么久,得归功于隆美尔的天才。

突破得胜

11月4日破晓后不久,突破取得成功。盟军步兵——第51高地兵团和第5印度师——在德军非洲军团和意军之间切开了一道口子。面临英军可能切断退路的危险,隆美尔最终收到了他所期待的批准,撤退了。约50000名德军阵亡,而蒙蒂的损失为13500名士兵。

德军的撤退变得近似于溃逃,但隆美尔还是设法保持了其备受消耗的部队的完好无损。两天当中,濒海的道路上挤满了德国部队、坦克和军官的汽车。盟军的飞机前来轰炸时,便全部陷入疯狂的混乱之中。然而,蒙蒂未能追上他们,将他们歼灭。蒙蒂的推进被他的小心谨慎——以及6日的一场将沙漠变为泥沼的暴雨减缓了。

隆美尔,带着仅存的10辆坦克在一连串精彩的后卫战斗中撤退了,失去了他一度夺得的所有的领土。在德军进军时变得出名的小城镇——西迪拜拉尼,图卜鲁格,班加西——一个接一个地落入英军手中。还剩下的黎波里,德军的主要补给基地,英军也是触手可及。

盟军又花了6个星期才到达的黎波里,最终于1月23日进入了该城。结果发现隆美尔已由海上撤离,并毁坏了港口设施。与此同时,依照计划在摩洛哥和阿尔及利亚登陆的盟军正在向东挺进。这两支盟军部队于1943年4月会师,而通向欧洲之路——经由它的"薄弱部分"意大利——也就被打开了。

斯大林格勒保卫战，1942—1943年

德军持续围攻达六个月之久而未能拿下这个工业城市，这标志着苏联东南部战局的转折。希特勒低估了红军利用该城的天然防御条件的能力。

1942年8月24日，斯大林格勒（Stalingrad）看似濒临陷落的边缘。前一天晚上，德军坦克——第六军的先锋——轰鸣地穿过北部郊区抵达伏尔加河岸边。在他们的南边，在一片硝烟弥漫中，躺着一座已被早先的德军轰炸毁坏的城市。那天晚上，当另外600架飞机将中心区变为瓦砾堆时，俯冲轰炸机则向拥挤在渡船上正在过河的难民猛烈扫射，仅在两天内，就有40000人死于非命。

一个有缺陷的计划

德国将斯大林格勒的陷落设想为一次成功推进的杰作。前一年冬天，希特勒对苏联的入侵陷于停顿。接着，在7月，他发起了一次惊人的野心勃勃的夏季攻势，意图占领苏联南部，经过石油丰富的高加索和中东继续向南挺进，然后与在北非的德军会师。到8月末，德军的战线从黑海岸边几乎直达里海。

然而，这个过度宏伟的计划有着致命的缺陷。德军的战线拉得过长，而在挺进前线的那一边，集结的苏军要比希特勒所想像的多得多。希特勒也因为集中力量进攻斯大林格勒（现在的伏尔加格勒）而影响了他的计划。尽管斯大林格勒作为一个铁路和水路交通枢纽十分重要，但直到7月末（在主要的高加索攻势发起之后），希特勒才确定它为一个重要目标。不久，这个战略又因希特勒再次改变主意，将攻击的坦克部队中的一支调离该城而遭到破坏。到这时，想通过突然进攻，夺取这座防御薄弱的城市为时已晚了。

无论如何，斯大林格勒并非是希特勒所料想的那么容易攻打的目标。沿着伏尔加河陡峭的西岸绵延20英里（32公里），被察里察（Tsaritsa）河险峻的谷地所分割，这座阴郁的工业城市所处的地理位置非常有利于防守。在东边，伏尔加河的对岸，是无边无际的俄罗斯大草原，在这里，苏军可以尽情地集结部队。而且斯大林格勒对苏联的最高统帅，约瑟夫·斯大林有着特殊的意义：在1919～1921年的内战中，他曾经控制着这个城市。当时，这个城市名叫察里津，斯大林将其更名以炫耀自己。此时，发现他的城市遭到围攻，他发出了一道命令："一步也不能后退！"斯大林格勒的争夺战将变得既事关斯大林个人，又事关东方战争的胜败。

遵照斯大林的命令，斯大林格勒着手进行各项防御准备。每一个身体正常的男子都被征集起来，包括7000名十几岁的男孩。工厂、低矮的政府大楼、两个火车站和那座330英尺（100米）高的被称为马马耶夫（Mamayev）山岗的圆丘被三道防线所保护。在北面，一支苏军守在那里作为后备军。有两个星期，德国第六军的司令弗里德里希·冯·保罗斯将军，由于害怕把自己的部队可能暴露在苏军反攻之下而一直犹豫是否该发起一次最后的进

弗里德里希·冯·保罗斯将军（1890—1957年）在第一次世界大战中成为上尉，他帮助策划了德国对俄国的入侵。德军在斯大林格勒的可怕的伤亡数字部分由于保罗斯的行为习惯，这妨碍了他抵制希特勒的不切实际的命令。被俘后，保罗斯倒戈，帮助组织了对纳粹的抵抗

朱可夫元帅（Georgi Zhukov, 1896—1974年）在1918年加入红军之前曾短暂地在沙皇的骑兵中服役。到1941年他已成为斯大林的参谋总长，并因于该年解救了莫斯科而成了一位民族英雄。他后来又攻陷了华沙和柏林，并于1945年5月8日接受了德国的投降

攻,这样一来,他让宝贵的时间白白地溜走了。

到此时,苏联人已在斯大林格勒的新指挥官朱可夫的领导下恢复过来。朱可夫是前一年冬季莫斯科保卫战中的英雄。他的秘密战略是一种高风险性的,但又是十分高明的。为了拖住德军,争取足够长的时间,以便后备军在城外集结起来,斯大林格勒会挣扎着活下来的,但仅此而已。然后,机关将被启动。同时,瓦西里·崔可夫将军被任命统率守城的第62军。尽管他仅有55000人,却要去对付一支数量超过100000人的敌军,但他正是那种能把优势转为己有的人。9月12日,在他到来的那一天,他对他的上级保证说:"我们会守住这座城市的,要么就死在那里。"

崔可夫的任命十分及时,因为在13日,德军的三个步兵师和四个坦克师发动了攻击。他们到达了城市的中心,并在一些地方到了伏尔加河的岸边。10000名渡过河来的苏军援军挽救了这座城市,使之免于陷落,从而取得了一个脆弱的均衡。

巷 战

现在,崔可夫得到了他所应得的。崔可夫喜怒无常、尖刻伤人,而且常常很粗暴。尽管如此,他还是因为能与其部属患难与共受到尊敬。他当然知道如何让他们发挥最大作用。在接下来的两个月中,崔可夫将他的军队变成了城市游击队,他教他的部队制造"死亡地带",在满是废墟的地段里埋设地雷,只有守卫者知道安全通道。他们为每一栋被炸毁的建筑中的每一个房间而战:楼层是前线,楼梯间成了无人地带。通常,苏联人在夜晚返回,重新占领旧的阵地。他们用布裹着

德军在巷战中用大炮轰击为
自己开路前进

斯大林格勒保卫战，1942—1943 年

斯大林格勒的许多工厂在周边和广大综合工业区的战斗中沦为扭曲的金属废墟

双脚在瓦砾堆中选路而行，携带着磨尖的铲子，兼作武器。"我们感到、听到敌军士兵的呼吸声和脚步声，"一个苏联人写道："但我们无法在硝烟中看到他们。我们朝出声的地方开枪。"

对德国人来说，斯大林格勒成了一场恶梦。没完没了的白天、黑夜的白刃格斗，夺去了他们很多生命。"街道不再以米数来计量，而是以尸体来计量，"一名军官写道，"夜幕降临，又一个烧焦的、哀号的、流血的夜晚到来了，……连那些狗都跳进伏尔加河，拼命地要游向对岸，……，动物都逃离这个地狱，……，只有人在忍受着。"崔可夫必须顽强地挺住，一直要挺到11月，那时第一场霜冻将大地冻结起来，朱可夫就地取材能发起他的反攻，挥师从南面和北面以钳形攻势杀入，

恰如他所设想的那样困住保罗斯。

眼看时日无多，保罗斯在10月4日尝试发起了他所希望的最后的攻势。他的目标是对准三个残存的苏军据点——拖拉机厂、战斗军工厂以及红十月钢厂。战斗竟如此激烈，以至坦克一离开生产线，便直接投入战斗；而工人们则放下工具，便拿起了步枪。到11月初，苏联人的地盘被压缩到只剩下不到8英里（12.7公里）长的两块被包围的地域。

但是，苏联人的援军不断地到来。共有122000名士兵奋力渡过伏尔加河来替代80000名阵亡士兵。而在这些部队的后面，朱可夫还有500000名士兵、900辆坦克和1100架飞机已为反击做好了准备。这个反击战将是希特勒自己的计划的翻版，目标是彻底摧毁德军在南方的力量。

保罗斯，就他说来，几乎没有增援的希望，因为后方的部队——他们的士兵中很多是从盟国不情愿地被征来的——既无士气又无经验来承受这样一场全方位的进攻，更不用说能达到此计划中所要求的规模和范围了。

德军陷于困境

11月19日早晨，阵阵大雪使得天气严寒难耐。3500门苏军大炮朝斯大林格勒北面100英里（160公里）处的德军前线的罗马尼亚军队开火。两个小时之内，苏军步兵，由T–34坦克支持，击

败了罗马尼亚军队。第二天，进攻在城南展开。四天后，向前推进的苏军前锋会师了，他们将250000名敌军困在伏尔加河与顿河之间。

在位于古马克(Gumrak)火车站的总部里，保罗斯看到了他的处境岌岌可危。"军队在走向灾难，"他告诉希特勒，"将我们这些师从斯大林格勒撤离很重要。"但希特勒根本不理这一套，一个师也不肯撤，他相信戈林的大言不惭的承诺，认为空军会拯救这个城市。但戈林的计划是一个幻想。每天补给第六军超过500吨的燃料、军火和食物将需动用240架次的飞机，这几乎动用了空军所有的运输机。德国人从未达到过这个运量的三分之一，而且有许多天，他们根本就没有运送过任何东西。

12月中旬，当一次穿透苏军战线的尝试在30英里（50公里）外被阻滞后，尽管他们曾经有一个机会，第六军的命运已成定局。保罗斯本可以尝试突围，并和德国进军部队会合。但他无法使自己违背希特勒，而且坚信救援会到来。与此同时，情况却变得比先前更为糟糕，士兵们忍受着冻伤、痢疾、斑疹伤寒和饥饿的折磨。在万般无奈的情况下，保罗斯命令宰杀了400匹马来充当食物。自那以后，定额减少为每天2盎司（50克）面包加汤。希特勒收到了德军苦况的报告，但他视之为失败主义情绪而不予理睬。

苏联的胜利

12月31日，伏尔加河面冻得结结实实的，第一批卡车开过河来支援苏军防守部队。保罗斯处于到底是忠于他的元首还是忠于他的部队的思想斗争之中，再一次向希特勒提出请求。但得到的答复是坚定不移的："严禁投降。第六军要坚守阵地，直至最后一个人，最后一发子弹。"这些德国人的一切希望都破灭了。尽管机场跑道被残骸所阻，弹坑累累，还是有一些飞机带着从这个死亡之城发出的最后一批信件得以离开。"别守寡太久，"有一个人给他的妻子写道，"如果你能忘就忘了我吧，但永远不要忘记我们在这儿所承受的一切。"

当保罗斯得知不会再有飞机来了时，他舍弃了他在火车站内的总部，而在一家毁坏了的百货公司里设立了另一个总部。数千名伤员被搁在机场上；死尸躺得到处都是；40000名被冻伤、疾病和饥饿所折磨的士兵在废墟中或游荡，或坐以待毙。

1月30日，面对前所未有的灾难，希特勒任命保罗斯为陆军元帅，其目的令人毛骨悚然和哭笑不得——陆军元帅从未投降过。按照传统，失败的陆军元帅只有战死或自杀两种选择。但保罗斯被逼得不堪忍受了。第二天，当一名苏军坦克中尉进入保罗斯的总部后，这位德国陆军元帅走了出来，投降了。2月2日，这座毁坏了的城市恢复了宁静。

这是一场可怕的战争的终结。双方损失了约750000人。在这座城市里，苏联人的死亡人数超过100000人，而德国人的死亡人数则达到130000人。另有100000人作为俘虏被押送到西伯利亚，也几乎是必死无疑，只有5,000名德国人得以再次见到他们的祖国。

这场战役的终结对苏联来说意味着一个新的开始。707000个幸存者中的每一位都得到了一枚奖章。虽然斯大林格勒已经保住了，但苏联人还是向西挺进去收复高加索。与另一场伟大的胜利，埃及阿莱曼战役的胜利相呼应，斯大林格勒战役的胜利为最后的胜利铺平了道路。

雕像"祖国"和"誓死战斗"是为纪念在斯大林格勒战役中倒下的英雄而建立的。雕像"祖国"是世界上最大的全身雕像，高达270英尺（82米）

奥马哈海滩登陆战，1944年

在"最长的一天"发生的诸多战役中，奥马哈（Omaha）海滩登陆战（即诺曼底登陆战的一部分）有着特殊的地位。一系列的判断失误导致美国人将30000人的登陆部队作为先锋投入到一场史诗般的战斗中，后来，这次战斗被称为"血腥奥马哈"。

1944年6月6日凌晨3点，在黎明前的黑暗中，远离诺曼底海滩，负责进攻欧洲的美国先头部队开始从他们的运兵船上爬入他们的登陆艇中。情况糟透了。他们的战舰停泊在12英里（19公里）外的海面上。此时，一股风速达18节的强风掀起4英尺（4.8米）高的海浪，使得登陆艇颠簸摇晃。带着他们的沉重装备，很多人失足摔倒，伤着自己，有的人则被掀出船外。

战前准备

那些被派到后来称之为"血腥奥马哈"海滩的人吃的苦头最大。每艘都载有300人左右的十艘登陆艇都沉没了，而且26门大炮也全都沉到了海底。对这场作为重新征服欧洲的首次战役来说，实在不能说是个好的开头。

同盟国的长期战略从来是坚定不移的。1940年6月英国人在敦刻尔克被从欧洲大陆逐出后仅数小时，邱吉尔就对众议院说："我们将打回去！"1941年，当苏联和美国被拖入战争，并成为英国的盟友后，两国都极力主张打一场进攻欧洲大陆的战争。1943年1月，英美达成协议，定于次年夏季联合进攻。

一个巨大的行动计划——在美国的高级将领德怀特·艾森豪威尔（Dwight D. Eisenhower）的卓越指挥下——在以诺曼底为核心的地区，付诸实施了。在为期一年的时间内，美国将150万人投入到英国，与英国自己的175万人的军队相汇合。此外，还有英联邦国家的15万人的军队和来自被德国占领的欧洲的4万人。在遍布英伦南部的广大的营地中，这些部队等待着6月5日：军事用语称之为D—日。

这个巨大的计划，代号"霸主"，差一点就搁浅了。6月4日，当部队已在运输当中时，热浪袭来，在倾盆大雨中，艾森豪威尔命令将行动推迟24小时，而且有几个小时，甚至存在取消计划的可怕势头。之后，随着星期一，6月5日早晨一团带破隙的云彩从大西洋飘来，艾森豪威尔下达了行动命令。D—日成了6月6日。

5000艘战舰——历史上最大的两栖攻击——起航了。同时，在它们上空24000名伞兵和数百架轰炸机起飞去夺取海滩后方的腹地。他们的目标是绵延60英里（96公里）的诺曼底海岸线上的五个登陆海滩。最先登岸的将是美国人，他们将在代号"犹他"和"奥马哈"的海滩登陆。继他们之后的将是英国人，他们将在代号"金子"、"朱诺"和"剑"的海滩登陆。

海滩上的死亡

事实证明，犹他海滩的登陆是相对容易一些的。因为美国的攻击艇被海潮送到了海滩中一处

德怀特·D·艾森豪威尔将军（1890—1969年）是盟国1943—1945年在欧洲远征军的最高统帅。艾森豪威尔生于得克萨斯的丹尼森（Denison），1915年毕业于西点军校。在1942年侵入北非的战事中他展示了作为一位战略家和盟军部队的协调者的才干。正是他决定越过法、德防线向前挺进

德国陆军元帅卡尔鲁道夫·戈德·冯·龙德施泰特（1875—1953年）是西线总司令，负责着从荷兰到意大利的一大片土地。他在一战中成为一名参谋长，曾指挥过1938年占领捷克苏台德的军队。1939年他组织了横扫波兰和法国的闪电战，但在乌克兰则不那么成功。1944年7月6日，被希特勒免职，但又在1944年9月复职并指挥了穿越阿耳丁的进攻

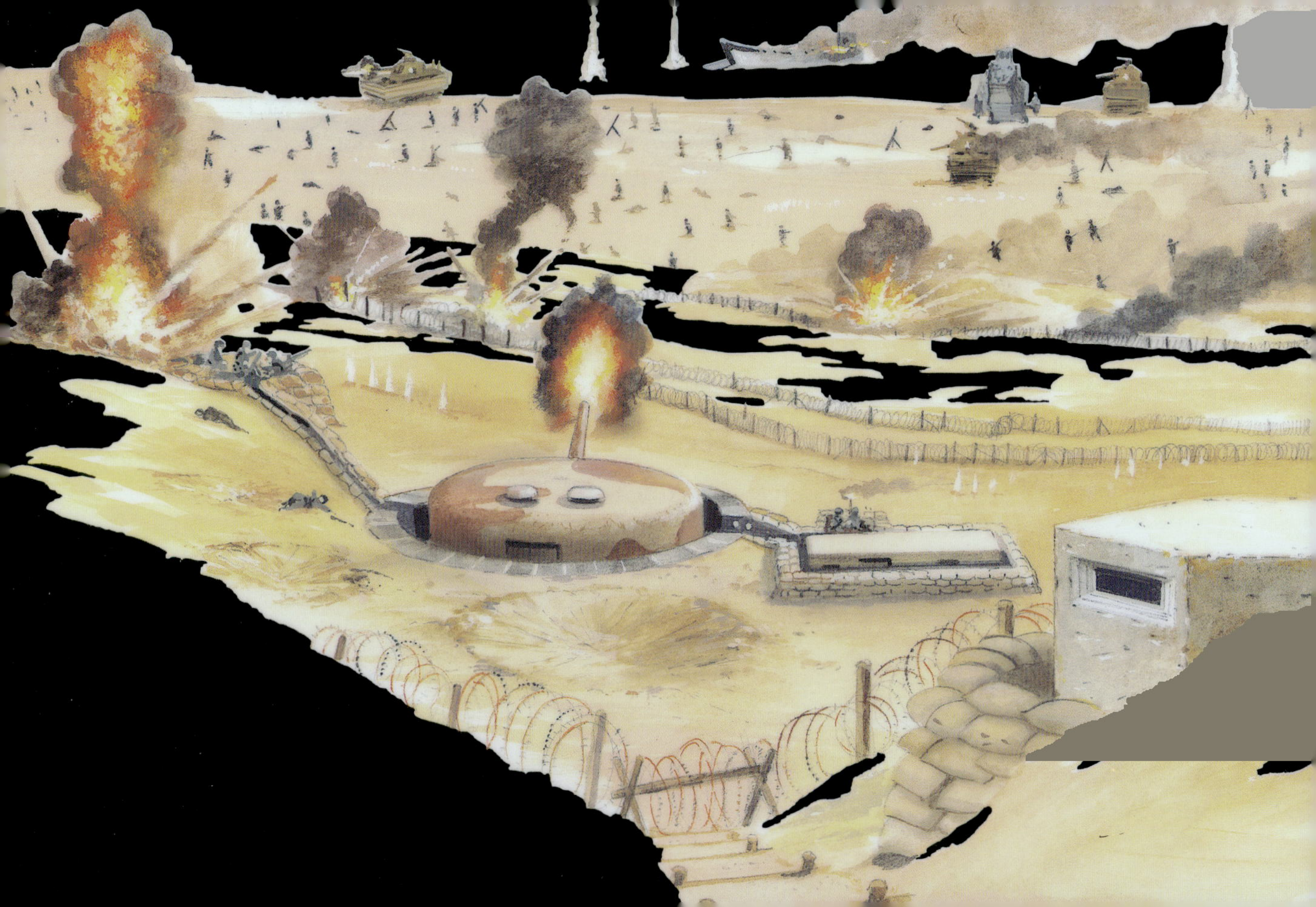

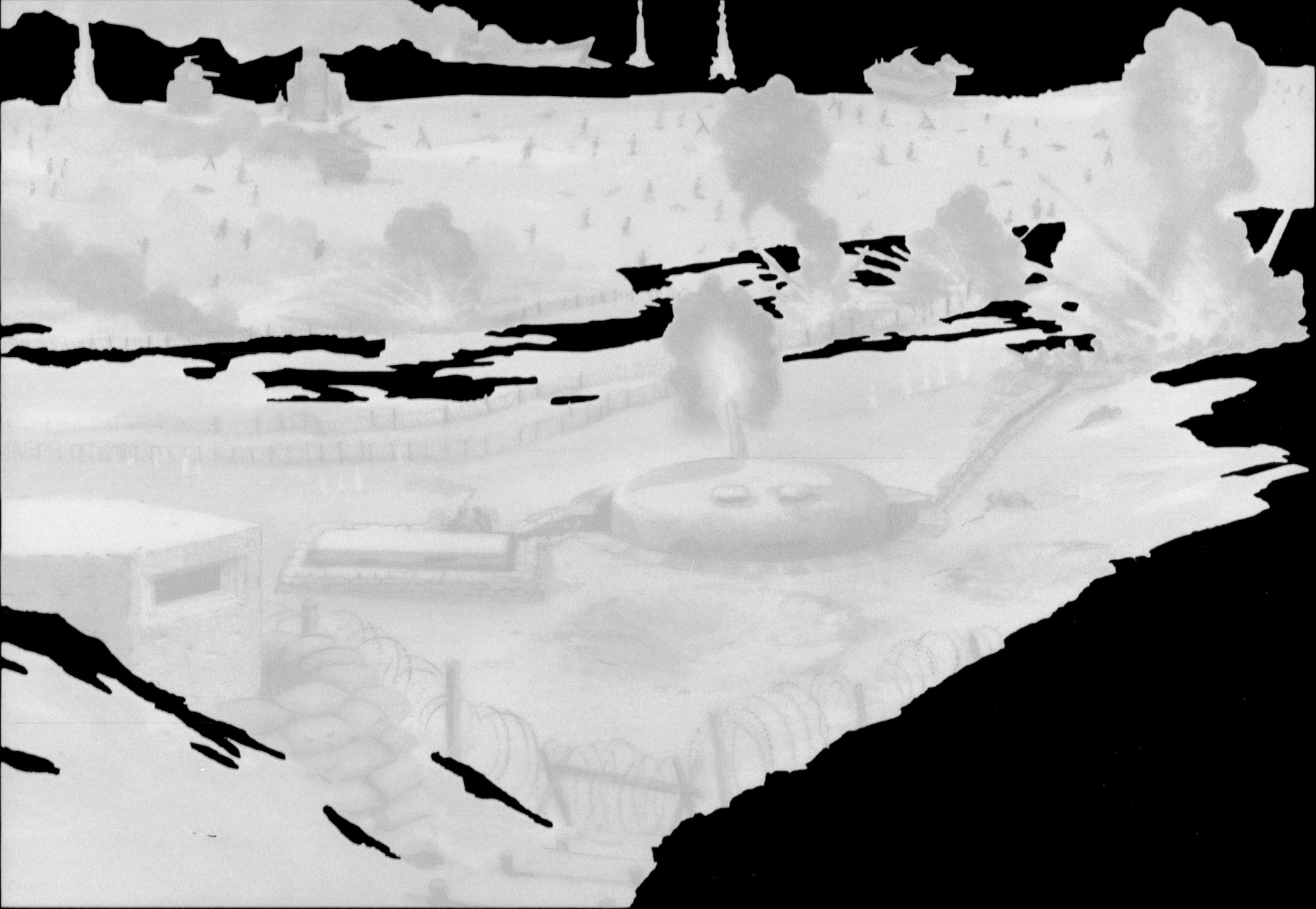

奥马哈海滩登陆战，1944年

俯瞰奥马哈海滩德国守军的景象

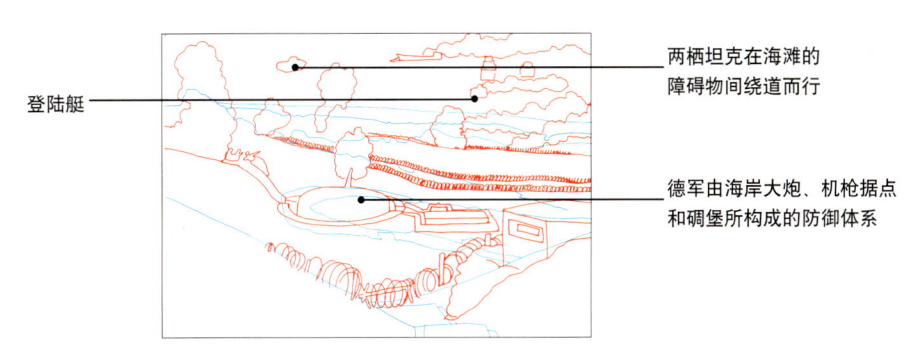

两栖坦克在海滩的障碍物间绕道而行

登陆艇

德军由海岸大炮、机枪据点和碉堡所构成的防御体系

111

奥马哈海滩登陆战，1944年

两端的悬崖上，75毫米和88毫米口径的大炮可以从3英尺（1米）厚的墙后向海滩扫射。面向海滩，大多密集在四条道路附近的是一排据点：8处大炮掩体、35座碉堡、18门反坦克炮以及85个机枪掩体。在所有这些之后，还有一道防线，一条沿海的道路，沿途有三个村庄，四条道路则通向这三个村庄。即使进攻者能将其士兵、车辆带离海滩，他们还必须拿下所有这些村庄。

根据情报，奥马哈海滩至多是块难啃的骨头，但不至于是死路一条。美国部队都是能征惯战的老兵。领头攻击的是第1师的三个团——被称作

美国士兵登船投入"霸主"行动

美国登陆部队从一艘步兵登陆艇"海岸卫士号"上爬入一艘登陆驳船中，开始越洋入法的最后一程

防守较薄弱的地段。德军的防线崩溃了，美国人向内陆推进。但此时，在10英里（16公里）之外的奥马哈海滩——一片4英里（6.4公里）的砂子和砾石地——可怕的事情正在发生。奥马哈海滩是长达20英里（32公里）悬崖中惟一的一段空隙，它将犹他海滩和英军登陆的海滩分隔开来，这可不是一个有利于两栖攻击的地段。它的两侧是100英尺（30米）高的悬崖，后面则是一片陡峭的卵石坡地和沙丘。在这之后是一片空旷的200码（183米）长的盐沼地，其尽头是一道150英尺（137米）的峭壁，峭壁在四个地方被峡谷，或称为"洼地"所隔断，即使在没有阻力的情况下，车辆要到达那四条通向内陆的道路也是不容易的。

况且，这里有很强的防御力量，因为这是一块易于防守的海滩，又是一个很明显的攻击点。埋设的障碍物——铁支架、以一定的角度斜插的木桩、能刺穿来犯舰艇的钢"刺猬"——散布在浅滩上。沙丘顶端设有带刺的铁丝网和混凝土墙。在盐沼地中，反坦克壕交错纵横，遍布地雷。从

奥马哈海滩登陆战，1944年

奥马哈海滩登陆战，1944年6月6日

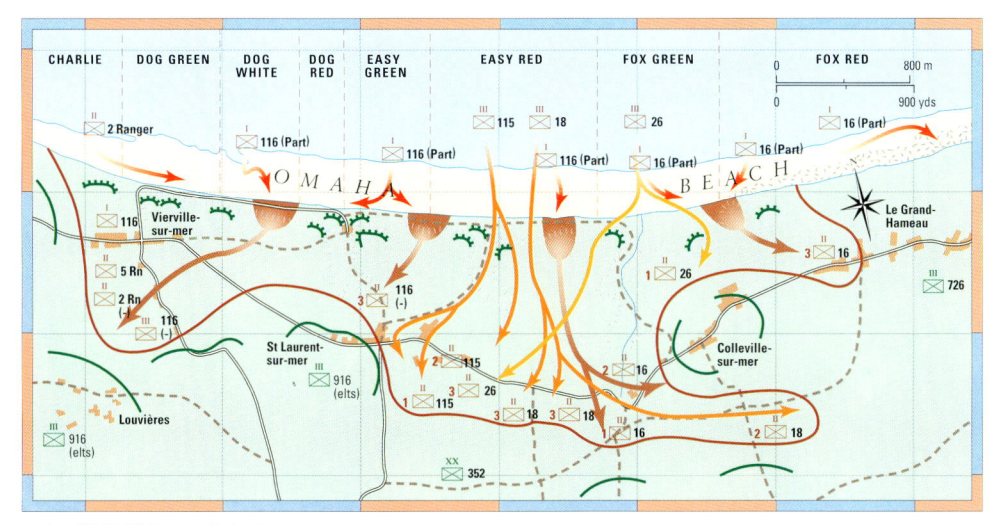

- 美军
- 德军
- 德军的海岸防御线
- 最初的登陆（6日上午）
- 最初的阵地（6日中午）
- 最初的前进
- 6日结束时美军的推进
- 德军阵地
- 后续部队
- 后备部队

"大红一号"——他们是北非和西西里战场上的老兵。他们将同第29师的第116 This团并肩作战。预想之中，这支久经战争锻炼的部队仅会遇到不超过1000人的第716步兵师，这个步兵师中绝大多数是德国从波兰和俄国征来的士兵，肯定不会有死战到底的决心。速度、勇气、经验、压倒的数量以及两个大队的两栖"DD"坦克——总共约60辆——将使这天顺利度过。

然而，盟军所不知道的是，德军第352步兵师的一部分，是由东线过硬的老兵组成，已于数周前从法国圣洛（St-Lo）调来，从而使守军从四个营变成了八个营，数量翻了一番。出奇地巧合，他们刚刚完成了一项反入侵的训练，因而对反击美军登陆准备十分充分。

除了这些之外，雪上加霜的是，海上狂风大作，使航行变得更为困难——当DD坦克在离岸约4英里（6.4公里）处下水时情况尤其糟糕。按照设计，DD坦克侧面的帆布应该是一下水便会漂浮起来，结果却是恶梦般的可怕，计划在海滩东端登陆的29辆坦克中，21辆如同钢铁棺材一般，几乎带着它们所有的乘员沉没了。有一辆被一艘登陆艇撞沉，另有两辆成了德军火炮的牺牲品，只有两辆带着第一批部队上了岸。

掩护轰炸——从正在逼近的舰队发出的火箭齐射、战列舰得克萨斯号和阿肯色号在他们身后开火时发出的轰鸣和火光、头上第八空军空中堡垒的飞机发出的嗡嗡声和前方炸弹爆炸发出的巨响——令进攻部队鼓起了勇气。但重型轰炸机在厚厚的云层之上，对地面情况的了解只是浮光掠影罢了，因而

美国第16步兵团第3炮兵连的士兵在猛攻奥马哈海滩时受伤，正在等待后撤

113

奥马哈海滩登陆战，1944 年

难以击中目标。它们的13000枚炸弹徒劳地落在地上。而且由于低垂的云层、尘埃和烟雾的影响，海上的炮兵也无法精确瞄准。轰炸杀伤的敌人很少。

在岸上，当第一波攻击舰队——36艘登陆舰搭载着1450人——在早晨6:30靠近时，德国人注视着，等待着。舵手们拼命地控制着他们舰艇的航向，在成角度布设的钢制障碍物和木桩中穿行。他们成了最好的靶子，几乎都死在水中。从领航的登陆舰正前方四分之一英里远的据点中，射来了第一阵机枪子弹，接下来是更多的射击。乘着登陆艇靠近的美国人听到了令人胆寒的子弹打在钢铁船体上的砰砰响声。同时，榴弹炮的炮弹呼啸而来，在海滩上爆炸，砂子和弹片四处横飞。

第116团是第一批离船登陆的，时间是早晨6:36。他们负责攻打右侧（西侧）地区。当最前头的四艘登陆艇的坡道放下来时，士兵们看到浅水区中因密集子弹射击，使激起的水沫变成一片白色。奥马哈海滩从一开始就是血腥的。第一批士兵笨重地跑下坡道，跃入齐腰深的水中，随即落入大炮、迫击炮、机枪、步枪的交叉火力形成的那一片炽热之中，一些逃过了溺水的命运，躲过了子弹的士兵好不容易挣扎到了岸边，却发现无处藏身，很

第一天结束时，滩头阵地得到不断的补给和增援以保持登陆作战的力度

多人又游了回去，希望能在水花、波浪中得到一点可怜的保护。10分钟之内，所有的军官和军士非死即伤。活着的人趁着海潮涌起时侧身前进，有时躲避在金属障碍物或木桩后面，拖着他们挣扎着的同伴，以免他们被淹死，结果却是眼见他们的同伴被击中，而自己也难以幸免。在20分钟内，第一批登陆的人，按照官方的说法，只不过是一支"可怜巴巴的俯身在幸存者身边的小小救援班"而已。

在他们之后，跟来的是一批接一批的其他部队。所有的人都涌入到这场大屠杀之中，伤亡越来越多。海流、硝烟、噪声、障碍物的迷宫以及拥挤的船只和尸体搅乱了计划和指挥体系。270名工兵（他们中的半数或死或伤）设法在障碍物中清出一条通道来。当登陆艇挤入这条单一的通道，放下它们的坡道时，士兵们或跑或跳或潜入水中，几乎必死无疑。沿着海滩全线，登陆艇不时触到水雷，或者其甲板上堆积的军火被炮弹引爆，有的沉没，有的爆炸。

奥马哈海滩上惟一的掩护是从海滩进去半路上的那块几码宽的页岩和石子形成的礁石。当部队从浅滩中趁着涌起的潮水向前推进时，海滩上到处丢弃着军火、防毒面具、带皮带扣环的无线电发报接收机、各式工具——所有的战争碎片。碎石礁下塞满了人，形成了一个身体密集的巨大的块状物，有活的，也有死的。所有的活力都失去了，可怕的瘫痪局面正在出现。正如当时身在离岸12.5英里（20公里）的美国奥古斯塔号上的布莱德雷将军后来所写的："得到的印象是，我们的军队陷入了一场无可挽回的灾难之中。"

漫长的痛苦结束了

在海滩上，这些一个个孤立的单个的人，为绝望所驱使，反而表现出莫大的英勇，他们行动起来，力挽趋于失败的颓势。他们在最左翼和最右翼的德军防线的三处地方撕开了口子。在中部，第16师的第1和第2营剩下的士兵如同被子弹和炮弹钉住了一般，卧伏着不能动弹。一名中尉和一名中士勇敢地走出来察看拦路的铁丝网。按美国官方历史所记，这位中尉返回来，"双手插腰，厌恶地朝下看着那些躺在石子礁岩后的士兵，'你们打算就这样躺着等死，还是起来做点什么管用的事呢？'但没有反应，于是那位中士和那位中尉拿到所需的东西，炸开了铁丝网。"这一举动鼓舞了士兵们，他们从裂缝中鱼贯而入，又继续向前穿过了一片雷区。许多人被击中，另外许多人成了地雷的牺牲品。但到了上午10点左右，约有300人登上了悬崖，并开始缓慢地奋力向内陆推进。

转折点

上午11点，战局开始扭转。驱逐舰向内陆推进到离岸800码（790米）以内，转舷向岸，舷炮齐射，一轮紧接着一轮。有一个小插曲，第1师的指挥官，乔治·泰勒上校朝海滩下喊道："只有两类人会呆在海滩上，已经死了的和将要死的人。现在，让我们离开这个鬼地方吧！"接着，当三辆DD坦克炸掉了前方的德军炮位时，上校率领士兵们穿过铁丝网，向雷区推进。登陆一个半小时之后，继泰勒之后，第18步兵师向上挺进，越过高原，并继续向前进入科勒维尔（Colleville），在这里，第16师已经在进行逐门逐户的战斗。战局稳定发展，其他一些据点也攻克了。到下午晚些时候，当工兵最终在雷区中清理出通路后，第一批车辆爬离了海滩，沿着科勒维尔小路前往支持步兵。到薄暮时分，第115步兵团和第116步兵团的很多士兵穿过了第二道防线，即连接奥马哈海滩后方三个村庄的沿海道路。夜幕降临时，掩护着超过30000人的滩头阵地已成为一块各个部队的集散地，在6英里（9.6公里）长，2英里（3.2公里）宽的区域内散布着许多美军控制的小地块。

与此同时，英国人借助各种各样功能独特的武器装备，在他们进攻的三个海滩上进展得较为顺利。到夜幕降临时，五个海滩全部攻陷，而且许多军队已经联合起来向内陆推进了。

在"血腥奥马哈"战役中，3000名美国人阵亡。这使得这场战役被列入二战中的最大悲剧之一。今天，维护良好的公墓，若干个博物馆和无数的纪念碑记录着这一天的细节。参观者，和所有纸上谈兵的战略家们一样，还在争论这场攻击是否明智。但是奥马哈海滩是必须夺取的，而对于天气、地理和敌军防御，美军是无能为力的。奥马哈海滩之战无论如何都必然会是残酷的。

位于奥马哈海滩科勒维尔（Colleville）的美国军人墓地

硫黄岛登陆战，1945年

在美国，除了少数几位专家外，没人听说过这个叫作硫黄岛（Iwo Jima）的小岛。但当美国人一个岛、一个岛地战斗着横越太平洋时，由于敌军将该岛变成要塞，该岛也就变得恶名昭著了。

第二次世界大战之前，硫黄岛不过是日本在太平洋上一个微不足道的岛屿。这个岛屿仅4英里（6.4公里）长，2英里（3.2公里）宽。岛上除守军之外，无人居住。然而，到1945年初，日本已将它变成了一个军事要塞，数千名士兵隐藏在岛上庞大的地道网络中。夺取硫黄岛——一块向日本进军途中的重要踏脚石——绝非易事。但人们未曾想到，夺取硫黄岛将成为美国海军陆战队历史上最血腥也最为英勇的一章。

战略位置

两年来，美国军队一直在越过一个个岛屿，向日本推进。许多美国人闻所未闻过的棕榈覆盖的小岛突然间变成了家喻户晓的名字，关于这些小岛的故事都是用血写成的。然而，没有哪个岛能像拥有三个具有战略意义的机场的硫黄岛那么重要。夺取这三个机场不仅将消除对美军航运的威胁，而且还能提供一系列极其宝贵的基地。这将使美国能够为他们的B—29"空中堡垒"去轰炸日本本土时提供掩护，并且使美机在受损时有个可供返回的基地。

日本人十分巧妙地加强了该岛的防御。折钵山（Suribachi），一座550英尺（168米）高的死火山，在岛的南端形成了一座堡垒。21000人已经挖通了在伪装的碉堡之下的11英里（17.6公里）长的地道和地洞，所有这些地道都同一个地下指挥所相联通。这个指挥所有一个10英尺（3米）厚的顶盖。这些人准备为守卫他们的岛屿而战死。此外，他们被命令不到最后时刻不可开火，以免暴露他们的位置。于是日本人在岛上打洞守卫着，除了等待攻击来临之外无事可做。在其指挥官栗林忠道（Tadamichi Kuribayashi）的指挥下，他们的战略是，以代价高昂的牺牲迫使美国无法进攻日本大陆，只好请求和谈。

从1944年12月8日开始，即美国原计划攻击前75天，轰炸机每天都轰炸该岛。最厉害的一次是为时三天的海军炮击，他们共发射了40000枚炮弹。这是在太平洋战争中时间最长，也是最为猛烈的一次攻击。在空中打击上运用了新式武器：燃烧弹。空中打击击毁了100架日军飞机。但另一方面，正如美国人将会发现的，这些打击受效甚微。

2月19日晨，美国第五舰队的450艘战舰——当时太平洋战区最大的海军力量——群集于近海海面，将约30000人转载到登陆艇上。他们由陆军中将霍兰·M·史密斯(Holland M.Smith)指挥。此君人称"疯狂怒吼"的史密斯，这既是对他的名字首字头的曲解，也是因为他的脾气火爆。史密斯倒是十分胜任，因为他负责海军陆战队的训练已有四年了，而且在三次太平洋战役中，他都指挥过海军陆战队。

第一批登岸的是海军陆战队第4师和第5师的8000名队员。在他们的军官哈里·施米特

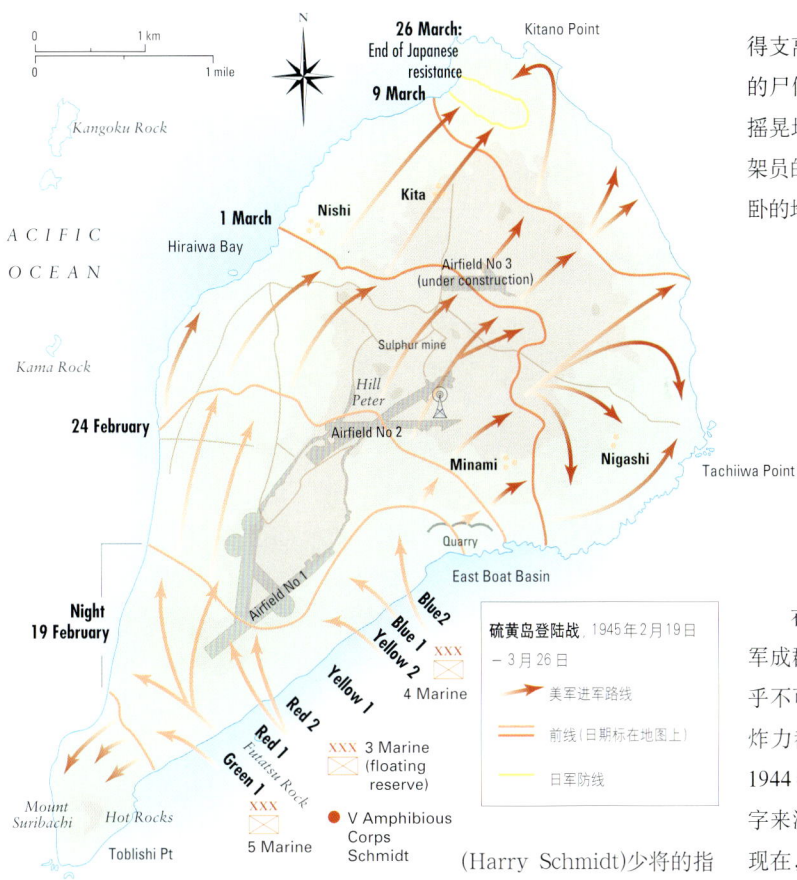

硫黄岛登陆战，1945 年

得支离破碎。活着的人在陷住的车辆后或在同伴的尸体之下寻求一点可怜的庇护。受伤的人蹒跚摇晃地回到水中，结果只见头两艘载着担架和担架员的船在水中被炸毁。等待救援的伤员在他们躺卧的地方被打死。那一天，约2400名美国人阵亡。

拿下折钵山

然而，有些陆战队员还是取得了进展。在上午，第28团第1营的部分人横过了该岛，其余的人随后跟进，将折钵山分割开来并打通了通往它低坡的道路，从而巩固了这条战线。激烈而又疲劳的夺取顶峰的战斗用了三天时间，在这三天中，在海上的航母及其护卫舰持续地进行轰炸。

在海上，一个令美国人防不胜防的威胁是日军成群结队的神风突击队飞机的轰炸。美国人几乎不可能将其击落，这些活人导弹的准确性和爆炸力都是毁灭性的。视死如归的神风飞行员从1944年10月以来就开始行动了。"神风"这个名字来源于1281年毁掉了入侵的蒙古船队的大风。现在，从硫黄岛出发，神风突击队的攻击击沉了美国护卫航母的俾斯麦海号，杀死了218人，击残航母撒拉托加号。美国总共有将近900名水兵牺牲在硫黄岛战役中。

(Harry Schmidt)少将的指挥下，这些海军陆战队士兵于上午9点刚过时登上了海滩。在他们之后是运载着坦克、大炮和推土机的大型船只。陆战队员对前面的厄运一无所知。连续的轰炸使得地面被烟尘所遮蔽，而日本人却不发一枪。20分钟后，陆战队员奋力地登上岸来，翻过两块粘着火山灰的高地，直到他们来到折钵山的背风面——正好是在看不见的守军的监视之下。

这时日本人开火了。大炮、迫击炮和小型武器的火力暴雨般地倾泻下来。由于美国人的车辆陷入松软的地面，陆战队员成了最好的靶子。海滩上一片惨状，到处散布着尸体，其中很多被炸

1945年2月19日，8000名海军陆战队员搭乘着450艘船只争先恐后地扑向位于折钵山后面的海滩

美国海军陆战队员在肃清岛上敌人的漫长战斗中正隐蔽起来以躲过一次巨大的爆炸

尽管如此,来自海上的轰炸和部队的虽然缓慢但却十分稳定的推进还是取得了成效。到了2月23日上午,海军陆战队员到达了折钵山的山顶。上午10:20,排长哈罗德·施里欧(Harold Schrier)中尉和他的几个手下用一根废弃的水管做旗杆,让星条旗飘扬了起来。在下面的山腰上,陆战队员们因看到了自己的旗帜在高高地飘扬而欢呼落泪。在海上,美军的舰只拉响了汽笛。接着施里欧和他的手下开始转向清理火山口的工作,他们射击那些从地堡中跳出来的日本人,用火焰喷射器扫射掩体,用炸药将日本人封死在里面。后来,在火山口的边缘上,找到了约150具日本人的尸体。

此次进攻产生了这次战争中最著名的形象之一——一幅摄影作品:在山顶上树起的"美国国旗"(Old Glory,美国国旗的别称——编者注)。但它不可能是那一瞬间的真实记录,因为尽管施里欧身边有一位摄影师——路易斯·洛厄里中士(Louis Lowery)——但他因跌了一跤而摔坏了他的照相机。事实上,这张意义重大的照片是事后重拍的。在火山口被清理之后,美联社的摄影师乔·罗森塔尔(Joe Rosenthal)带着另一面更大的国旗来了。他很清楚他所追求的形象具有巨大的精神鼓舞作用——它让人联想起1814年,当弗朗西斯·斯科特·基(Francis Scott Key)看到美国国旗仍在硝烟弥漫的麦亨利堡(Fort McHenry)上空飘扬时的那番景象。这件事激发他创作了"星条旗"。罗森塔尔说服陆战队员用新的"美国国旗"作品重演了这一事件,并拍出了一幅经典之作。这幅照片,用水上飞机经由海上送至关岛,接着由无线电话机传送至美国,立刻受到了好评。罗斯福总统命令那六位竖起旗帜的士兵回国分享他们的光荣,却不知道他们中的三位已在其后的战斗中死去了。这一形象成了爱国主义的标志,它被用在邮票上、绘画上,还作为雕像的模特,最著名的是弗吉尼亚阿灵顿国家公墓的美国海军陆战队战争纪念碑的雕像。

2月24日,夺取岛上其余地盘的战斗开始了。坦克和大炮派不上大用场,因为在这种崎岖多变的地区,根本没有空间供坦克和大炮调遣活动。每一个敌军据点都必须靠用机枪、手榴弹和火焰喷射器的正面强攻来拿下。陆战队员被迫盲目地推进,他们心里清楚,最先发现的敌人,将会是从隐蔽在灌木丛后或草坡之中的地洞,或地道中突然射出的一阵火力或是扔出的一个手榴弹。每一个据点都获得了一个令人毛骨悚然的名字:血腥乔治,绞肉山。绞肉山这个据点,曾五次得而复失,最终才被陆战队员们永久占领。

付出代价的胜利

在一个星期之内,海军陆战队已夺取了该岛的三分之一,包括那个重要的机场在内。两周之后,82000人登陆,美国人控制了所有的三个机场。3月4日,第一批轰炸机在机场紧急降落。4天后,在该岛的东南角,一支800人的日军发起了一次自杀性的冲锋,所有的人全部战死。3月11日,最后一股日军残存力量的主力,在西北方的

1945年4月13日的美军刊物特别报道了硫黄岛上的海军陆战队,此时已是攻克该岛后一个月了

一小块地方被困住了。3月21日从栗林将军那里发出了最后一条藐视死亡的消息:"已有五天没吃没喝了,然而战斗精神依然高涨。"他在四天后,领导了一次自杀性攻击而战死,于是硫黄岛上的战斗结束了——或者说近乎结束了,因为即使是结束,看上去并不那么万事大吉。好几小股敌人仍残留岛上,一有机会就继续顽抗。美国人又用了两个月才完全控制该岛。

在五个星期的战斗中,将近7000名海军陆战队员阵亡。26人获得了美国的最高奖——荣誉勋章。海军上将尼米兹(Nimitz)说:"在参加硫黄岛战役的美国人中,非凡的勇气是普遍的优秀品质。"至于日本人,在这场战役中,几乎夺去了所有参战的21000名士兵的生命——仅有1083人活着下来成了战俘。

在美国方面,没有人怀疑这些牺牲的价值。在4月,以硫黄岛为基地的战斗机作为护航机协助轰炸机实施对东京的昼间轰炸。而在随后的几个月中,有2251架受伤的超级堡垒轰炸机在该岛降落。如果没有这个岛,这些飞机根本无法安全返回。仅此一项就挽救了约25000名空军的生命。还有一座岛屿有待攻克——冲绳岛——要通过一场甚至破坏性更强的战役来攻克,同时面对的敌人是决战到死的狂热分子。然而,正是夺取了硫黄岛,保证了向日本大陆的挺进——也保证了在这一年夏末战争的胜利。

上图和左上图:给海军陆战队员在折钵山顶竖起"美国国旗"(Old Glory)所拍摄的照片成了这场战争中最为著名的摄影作品之一。这幅作品在弗吉尼亚阿灵顿国家公墓的海军陆战队战争纪念碑中被复制

柏林攻克战，1945 年

柏林——第三帝国的心脏，也是其罪恶天才希特勒的堡垒——必须攻陷才可能结束这场战争。这个使命落在了苏联人的身上。在这场大决战中，100000 人死亡，一座城市沦为废墟。

胜利后一个月，当西方盟军进入柏林时，苏军指挥官朱可夫元帅与蒙哥马利将军会面

1945 年 4 月 1 日，当苏联人和西方盟军跨越第三帝国垂死的残余力量相互接近时，斯大林将他的指挥官们召集起来。他提出了一个重要问题："谁将攻下柏林？"两周之后，答案变得明显了。1945 年 4 月 16 日早上 5 时，红军沿奥得河开始了一轮压倒性的大规模轰炸。在 50 万发炮弹、火箭弹和迫击炮弹爆炸之后，6000 辆坦克从它们的据点里出发，向德国的心脏挺进。柏林已仅有 35 英里（56 公里）之遥了。

同盟国发生分歧

对希特勒德国的最后一击，也许由西方国家来进行更容易。如果真是那样的话，战后欧洲的未来就会大不相同了。几乎是从美国和苏联参战的那一刻起，同盟国就达成了共识，在欧洲胜利的标志只能是柏林的攻克。由于柏林是战前世界上最大的城市，人口数量在世界上排在第四位，因此它是纳粹帝国的政治、文化和工业中心。甚至在希特勒执政之前，它就是德国的心脏，实际上，也是整个中欧的心脏。对同盟国来说，柏林的攻克将是最高奖赏，夺取了柏林，就证明了战争的胜利。

在 1944 年间，这个决心变成了邱吉尔自己的决心。随着德国濒临失败，邱吉尔对苏联最高统帅约瑟夫·斯大林的不信任感与日俱增。他相信，只要是能够的话，斯大林将在这个欧洲的心脏城市用布尔什维克主义来替代纳粹主义。"苏维埃俄国，"他后来写道，"已变成一个对自由世界致命的危险。"由于这个原因，不仅必须攻克柏林，而且西方列强——英国、美国及其盟国——在苏联人到达之前首要去攻克柏林也是至关重要的。1944 年 6 月，德怀特·D·艾森豪威尔将军，欧洲盟军的最高统帅也同意这种看法。

但在这一政策中有一处隐藏的矛盾。在 1945 年 2 月的雅尔塔会议上，同盟国达成协议，决定将第三帝国临时分为四个部分，而其中的东边部分归苏联管辖。柏林将作为一个单独的实体，也被分成四块。但是该城在苏联的辖区内将被孤立开来。如果西方盟军在苏联人之前攻取了柏林会怎么样呢？双方都各有疑虑。斯大林害怕他的同

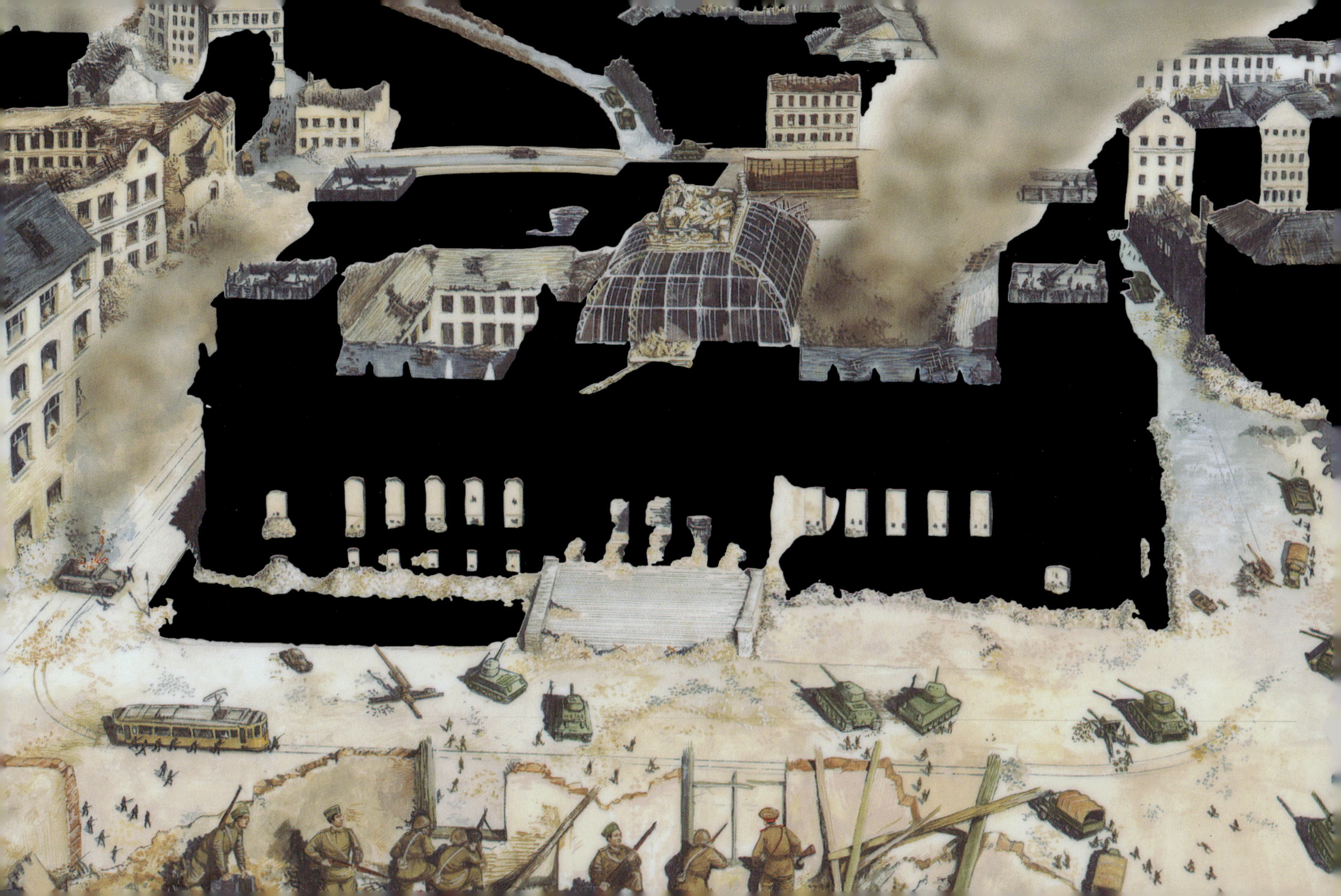

最后攻击之后柏林的首相官邸

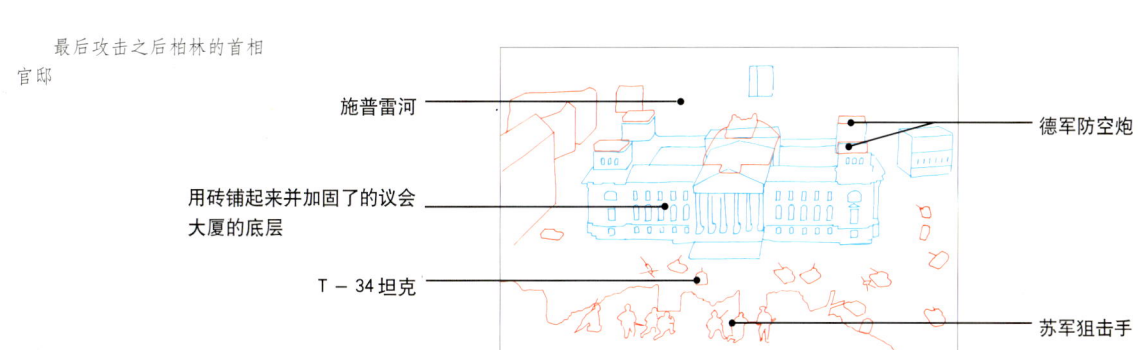

- 施普雷河
- 用砖铺起来并加固了的议会大厦的底层
- T－34坦克
- 德军防空炮
- 苏军狙击手

柏林攻克战，1945年

么被抓到西伯利亚去！"的标语。三条巨大的防线建立起来，从波罗的海延伸到捷克边境上的群山，长200英里（320公里）。一百万人集中在柏林防区，配备了10000多门炮、1500辆坦克和3300架飞机。柏林本身就有200000人防守。城市的地铁和下水道变成了防御地道；公寓楼被改成了碉堡；而铁路和公路桥已做好了被炸毁的准备。

尽管这做法令人生畏，它却并非是一个考虑周到的产物：一个多月来，希特勒并未离开柏林。当末日来临时，他撤退到了元首官邸地下50英尺（15米）深的地堡体系中去，和他的人民及军队完全隔离。在这儿，他变得狂暴至极，陷入了幻想世界。他的惟一安慰是他的平淡而顺从的情妇，爱娃·布劳恩还陪在他身边。她热切地参与他所做的任何事情，甚至包括死亡。当柏林在盟军的空袭之下烈焰熊熊时，希特勒的精神和身体状况似乎也反映了他周围正在崩溃的世界。"他的左臂无力低垂着，手不停地颤抖，"他的一名副官写道，"他的一举一动都像是一个垂老之人。"他将他的信仰寄托在奇迹上，寄托在预言德国将再次崛起的占星术上。当4月12日，罗斯福总统逝世的消息传来时，他的参谋们宣称，这一事件是神干预的结果。

然而，失败是不可避免的。在奥得河畔的苏联军队，其中有许多集中在波兰科斯琴对面的大据点里，其数量达到纳粹军队的三倍。苏军拥有250万人、42000门大炮和迫击炮、6000多辆坦克和大约8300架飞机。苏军分三路向前挺进，他们的将军都有传奇般的声誉：朱可夫，斯大林格勒的保卫者，还有他的两位亲密战友康斯坦丁·罗

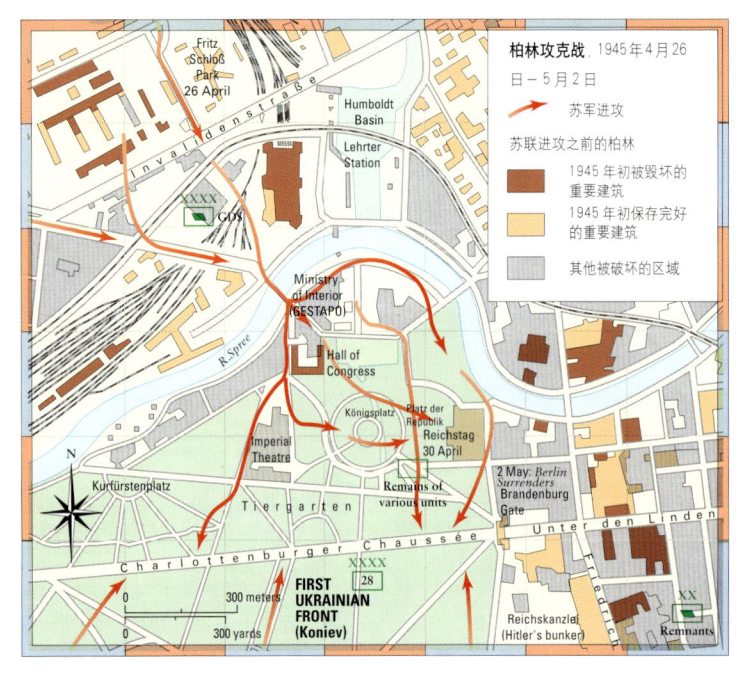

伴——也是未来的对手——将会赖着不走。邱吉尔的担心恰恰相反——如果苏联人先到达柏林后，他们根本不会准许西方盟国进入。因此，邱吉尔有充分理由认为，必须尽快向柏林推进。

所以，当艾森豪威尔改变主意的时候引起了很大的震动。艾森豪威尔这样做有若干个理由。首先，尽管美军和英军几乎可以肯定能赶在苏联人之前到达柏林，但他们将会遇到那里残余德军极端顽强的抵抗，伤亡将会很大。让苏联人来背上这个包袱不是更好吗？第二，有些报告引起了美国高层军事领导的高度关注，报告说，纳粹计划在本土建立一个"国家堡垒"巴伐利亚阿尔卑斯。同盟国急迫地要派兵去南方阻止这样一个据点的形成。最后一点，美国总统，富兰克林·罗斯福并不同意邱吉尔对斯大林的怀疑。在4月间，艾森豪威尔的参谋总长沃尔特·比德尔·史密斯（Walter Bedell Smith）将军，在一个新闻发布会上说："从纯军事角度来说，柏林已不再具有太大的重要意义了。"基于所有这些原因，艾森豪威尔命令他的部队往南集结于慕尼黑。

邱吉尔不想同美国人之间产生裂痕——美军的兵力以三比一的比例超过英军——悻悻地同意了。随着德军防御的土崩瓦解，美国人和英国人终于逼近易北河边，距柏林仅60英里（96公里）。在这儿，他们停下来等待着，将柏林留给了苏联人去攻克。

最后决战前的准备

为了保卫柏林，希特勒宣布它为要塞城市。十几岁的男孩和50多岁的男子都被召唤起来。尽可能多的人被征募起来去修筑防御工事、壕沟、据点和坦克陷阱。墙上贴满了诸如"要么胜利，要

重演胜利的象征性的一幕：一名苏军士兵在国会大厦的小尖塔上竖起了锤子、镰刀旗

柏林攻克战，1945 年

柏林攻克战，1945 年

科索夫斯基(Konstantin Rokossovsky)和伊凡·科涅夫（Ivan Koniev）。

4月16日开始的集中轰炸和进逼，使德军防线在两日之内被突破。在北部，罗科索夫斯基将一支德国坦克部队困在波罗的海岸边。在中部和南部，朱可夫和科涅夫集团向西挺进，并相互靠近，意在柏林会师。

4月20日是希特勒的56岁生日，也是纳粹的领导者们最后一次在一起聚集。希特勒一直计划要迁移到位于巴伐利亚阿尔卑斯的贝希特斯加登的避暑地，他的参谋长们也催促他趁时间还来得及时尽快离开。然而，希特勒还是不相信末日已经来临。于是当其他人离开时，他还继续留着。军事领导们回到了他们的岗位上，而纳粹的元老们则逃走了，其中包括肥胖的戈林——希特勒的指定继承者——他走时带着数车的掠夺物品。

最后的战役

4月21日，朱可夫的部队突破了柏林的外环高速公路。作为应对，希特勒命令在西北方某处的菲利克斯·斯坦纳（Felix Steiner）将军的第11军突破苏军战线。那一整天和第二天，希特勒都在等待救援。但希特勒的命令根本未被执行，甚至没人能找到斯坦纳。希特勒陷于暴怒之中，他坚持要留到最后——到死为止。

然后于4月23日，赫尔曼·戈林从巴伐利亚给他发去一份电报，建议说，既然希特勒被困在柏林无所作为，他（戈林）就应当接管帝国。希特勒通过他惟一的通讯手段——一台悬挂在首相官邸上空气球下的无线电发报机做出回答——宣布戈林已经背叛，并命令将其逮捕。

此时，伊凡·科涅夫将军正从南面迂回过来。4月24日，朱可夫和科涅夫的部队在柏林西面会合，并包围了柏林。两天以后，最后的进攻开始了。苏军遇到了疯狂的抵抗。党卫军将试图逃跑的士兵枪毙或绞死，以确保无人离开自己的岗位。平民们则躲在他们的地下室里，等待末日的来临。4月25日，美军和苏军在易北河畔的托尔高会师，该地位于柏林以南约75英里（120公里）处。而希特勒则被隔绝在柏林。

第二天，炮弹开始落在首相官邸了。躲在地堡中的人也能听见爆炸的闷响。城中的德国人现在仅占有一条宽不到3英里（4.8公里），长不到10英里（16公里）的狭窄过道了。很快，苏联人便将这条过道分割为三小段，并穿过动物园向议会大厦进逼。

希特勒终于看到了末日已经来临。又下了一道反攻的命令，但毫无作用，因为他自认为他统率着的军队不是被击溃了就是正在逃窜。28日，他以一种古怪的仪式，和爱娃·布劳恩结婚，以此作为对她12年来的恭顺服从和忠诚不渝的回

纳粹宣传部长约瑟夫·戈培尔做出一副享受快乐时光的慈父模样，让他的四个孩子一字排开，摆好拍照的样子。柏林攻陷前一天，他下令以注射方式将所有六个孩子全部杀死，接着将自己和妻子用枪射穿头部身亡

报。他以一段预言他死亡的讲话作为结束。之后，在深夜，他口授了他的遗嘱。

第三帝国的灭亡

4月30日早上，苏联人夺取了国会大厦附近的盖世太保大楼，并开始轰炸国会大厦。德国国会大厦，一座巨大的19世纪的建筑，带有新古典式样的门廊和柱子。它是纳粹分子的心脏——这里是1933年纳粹纵火以制造夺取政权的借口的地方，也是希特勒发表他最臭名昭著的演说的地方。这座国会大厦现在已变成了一座堡垒，它的门窗都用砖堵死，只留着供射击用的狭缝。它的5000名守卫者——党卫军、希特勒青年团和祖国卫队成员们——将每一间房间、每一条走廊和每一个楼梯间都变成了战场。30日晚上，两名红军中士在门廊的一座尖塔上升起了红旗，但逐个房间的战斗又持续了两天，在此过程中，半数守敌被歼。

等到国会大厦攻克之时，希特勒已经死了。他将他的文件烧毁，将其爱犬布朗迪（Blondi）毒死。30日吃完中饭后，苏联人正从动物园逼近，距离首相官邸仅有一个街区了。希特勒叫来了爱娃，他们俩向两位纳粹的内层人物：宣传部长约瑟夫·戈培尔和希特勒的秘书马丁·博尔曼道了别。之后，约在下午3:30，听到了一声枪响。爱娃服用了氰化物，希特勒开枪自杀。他们的尸体被抬到外面焚烧，当时，炮弹正在附近爆炸——盟军士兵没来得及找到和辨认这两具尸体，其残骸就被轰炸彻底毁掉了。

5月1日，戈培尔和博尔曼派汉斯·克雷布斯将军试图去进行停火谈判。苏联人要求无条件投降，但戈培尔和博尔曼拒绝了这一要求。于是进攻又恢复了。地堡被点上了火，它的守卫者——约500名党卫军成员——逃走了。后来，戈培尔和他的妻子及六个孩子一同自杀，而博尔曼失踪了，很可能是被打死了。

5月2日，柏林的战役指挥官通过广播宣布投降，当天下午，随着幸存的德国士兵放下了他们的武器，战斗渐渐平息。六天之后，局部投降变成了整个国家的投降。

柏林躺在一片废墟之中。威廉·施里尔（William Shirer），一位战地记者和作家，将从空中俯瞰该城的景象描述为："到处是残垣断壁，一片瓦砾，没了屋顶的烧毁了的房屋比比皆是，看上去如同小小的夹鼠笼子。秋日低垂的阳光，照进曾经有窗户的空洞。多数我所知道的街道都消失了，从地图上完全抹去了。火车站……变成了荒凉的空壳，富丽堂皇的德国独裁者的宫殿——屋顶已经荡然无存，它的侧翼部分有些已化为齑粉。"

对柏林人来说，这是最可怕的时期。约100000名士兵和可能100000个平民在战役中死亡。到了7月，美国人、英国人和法国人开始控制位于柏林西部的他们各自的辖区。但到这时，柏林已牢牢地圈定在即将变成为东德的那部分德国领土之中。直至1989年，柏林才在一个重新统一的国家的中心，恢复了它的历史地位。

难民们在柏林街道上流浪。城中食物和住所价格高昂

溪山围攻战，1968 年

在这场为时 77 天的溪山（Khe Sanh）围困中，在越南的美军命运似乎到了险要关头。以世界的眼光来看，美军似乎被拖进了一个无法逃脱的陷阱之中。的确，有一个陷阱——但不是溪山。

在 1968 年，有几个星期里，几乎每一个在越南的跃跃欲试的年轻记者和摄影师都想勇敢地到溪山去一趟。美方约有 6000 名海军陆战队员被 20000 名北越部队围困在一个偏远的丛林基地之中。美军被敌军的大炮逼得在用砂袋做防护的碉堡之中寻找暂时的掩护。

有一段时间，这些陆战队员的困境，像是一个吞蚀美国武装力量、迄今最大的军事灾难之一的开端。随着时间的流逝，局势显露出，溪山的围困仅仅是北越所设计的一个更为庞大得多的计划的一部分。

守卫溪山（Khe Sanh）的海军陆战队员正在用一台 M－101 型 105 毫米弹炮发射炮弹。这种武器可由直升飞机升空到指定位置。一个八人小组可在一小时之内发射 100 次，射程可覆盖 6 英里（9.6 公里）

酝酿中的灾难

虽然溪山的灾难只是整个战争更为巨大的灾难的一部分，但对于北越人来说，这场战争也是一个更大的战争背景的一部分。对他们来说，这是一篇可追溯到第二次世界大战之前的英勇故事的最后一章。当时民族主义者和共产主义者反抗着法国的殖民统治。1945 年之后，统治越南达九年之久的法国人在奠边府战役中战败，从而失去了他们的殖民地。这是在共产党领袖胡志明和他的指挥官武元甲策划下取得的一次胜利。

在随后举行的日内瓦和平会议上，越南被分割为共产主义的北方和民族主义的南方，推迟了统一该国的选举。这条沿着北纬 17°线的分割线被宣布为非军事区，或者叫"DMZ"。南方担心在选举中败给共产党，于是宣布为共和国。北方则秘密支持被称之为"越共"（"越南共产党"）的反对派。美国看到从东欧到东亚的社会主义阵营力量不断扩张的局面而紧张不安，于是全力帮助越南南方政权。

20 世纪 60 年代初，越共越来越多地得到北方的军火和物资的供应。而在吴庭艳领导下的南方独裁腐败政权，被证明在对付共产党游击队方面

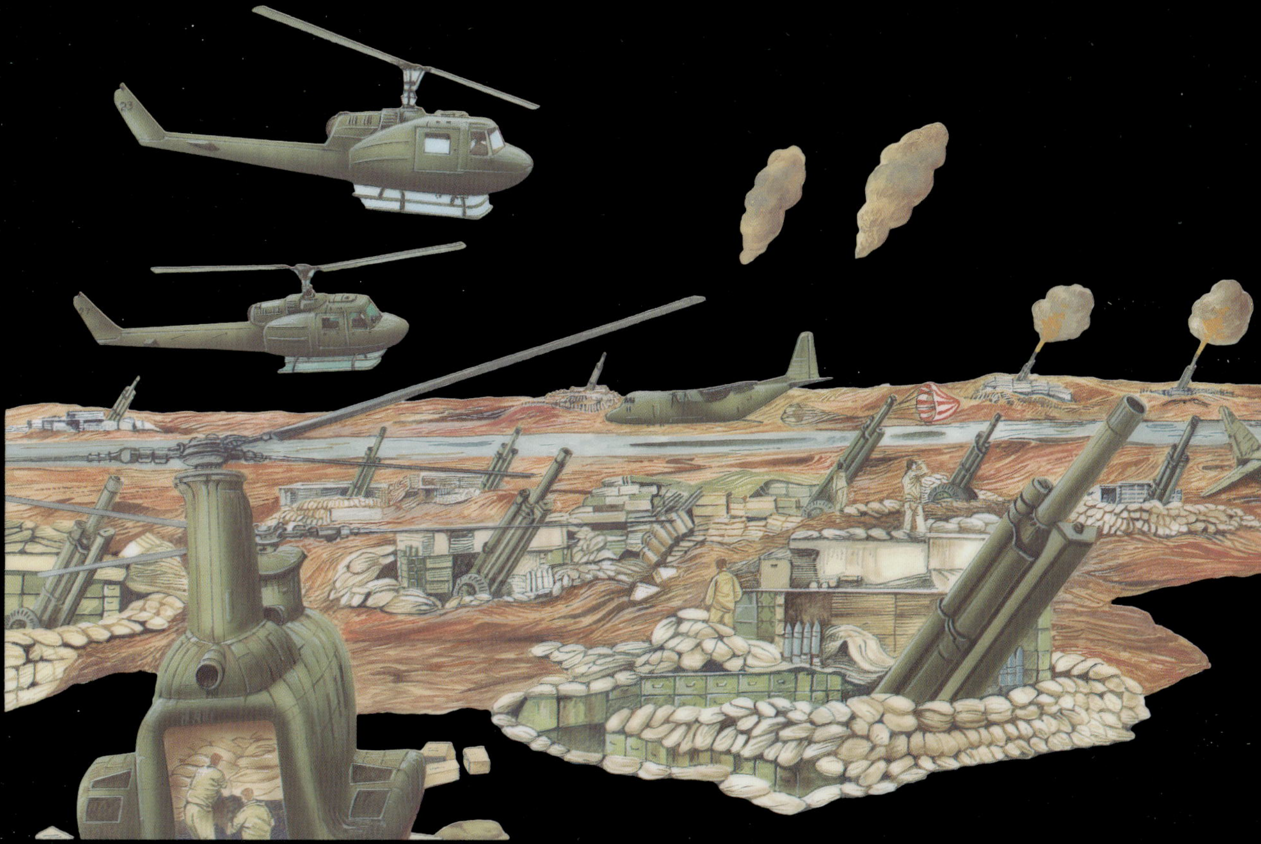

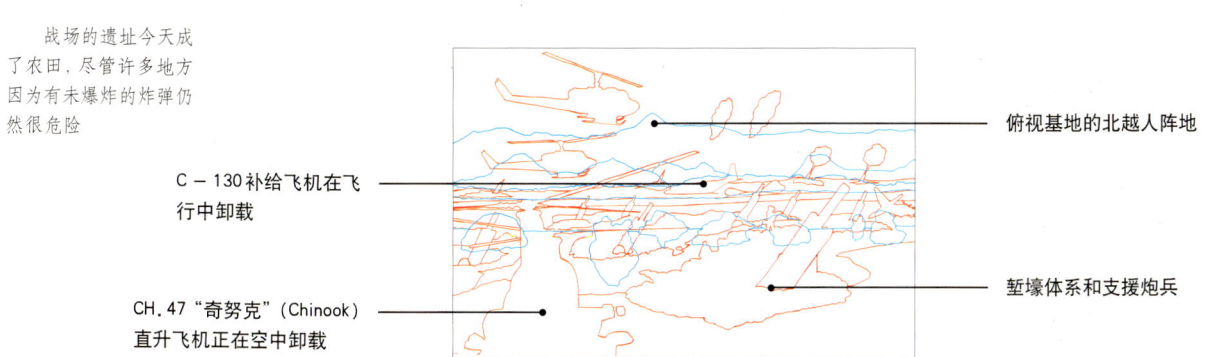

溪山围攻战，1968 年

战场的遗址今天成了农田，尽管许多地方因为有未爆炸的炸弹仍然很危险

C – 130 补给飞机在飞行中卸载

CH. 47 "奇努克"（Chinook）直升飞机正在空中卸载

俯视基地的北越人阵地

堑壕体系和支援炮兵

溪山围攻战，1968年

是最为无能的。

越南的地形对于游击战十分有利，丛林覆盖的群山从非军事区一直延伸到西贡（今胡志明市）。越南的人口集中在沿海地区，内地的丛林和山区人烟相对稀少。西贡南边的湄公河三角洲形成一片迷宫似的满是死水的沼泽区。而越南的西部边界从老挝和柬埔寨的无法进入的丛林中穿过，长达625英里（1000公里），这个边界却很容易从北方沿着所谓的"胡志明小道"渗透过来。

美国总统，林登·约翰逊面临着共产主义获胜的可能性，这将导致美国在东南亚政策的垮台，并将导致其以南越为基地的20000人的军队尴尬难堪地撤离。逐渐地，这场战争被视为共产主义和资本主义两种意识形态之间的较量。从1964年起，这场战争演变为美国对北越的战争。1965年，美国开始轰炸北方，而北方则得到了来自中国和苏联的物资供应。

意识形态之争反映在了两种相对立的军事战略上：游击战对正规战，人力对机器。美国的战略是依靠技术上的优势，军队忙于完成"搜寻并摧毁"的任务，以及建立基地，以便进行大规模的军事进攻。到1967年末，美军数量已达到50万，每年军费开支高达300亿美元，伤亡人数也与日俱增。约翰逊正忙于参加总统连任竞选，至少需要避免难堪的事情发生。溪山围攻战就是在这样充满压力的背景下展开的。

丛林围击

溪山，非军事区以南15英里（25公里）的一个平静的山村，位于从沿海向西去的那条道路的

在溪山的武装直升机等待执行它们的下一个"搜寻并摧毁"的任务

溪山围攻战，1968年1月21日–4月8日

- 北越行动
- 美军行动
- 空军、海军和海军陆战队的空袭
- 北越的堑壕
- 1968年4月为美军所控制的范围

132

途中，距老挝边境6英里（9.6公里）。这样，它便横跨了北越人从北方经由胡志明小道渗透过来所喜欢的一条线路上。在这个丛林覆盖、山丘环绕的小高原上，法国人修建了一个小机场。美军特种部队也在那里建起了一个营地。1966年9月，美军司令威廉·威斯特摩兰将军决定加强这个营地。除了切断北越的渗透路线之外，威斯特摩兰还认为，如果美国决定将战争扩大到边境那边时，有朝一日它或许能用来建立一个基地，通过它可以切断胡志明小道。

但建立起这个基地还有两个更深层的原因。首先，它将吸引成千上万的越军，美军可以依靠自己的火力将其歼灭；第二，溪山将成为遍布"高个子汤姆"的一系列据点的一部分。"高个子汤姆"是一种175毫米的大炮，能发射147磅（64公斤）重的炮弹，射程达20英里（32公里）。这种策略将迫使越军进入狭窄通道，而成为易于攻击的目标。

为了守住和强化溪山，1967年4月，威斯特摩兰派去了两个营的海军陆战队。他们的首要任务是夺取附近的小山和坡地。在这里，北越人用树木和泥土构筑碉堡，挖壕固守，已经好几个月了。这种碉堡只有炸弹直接命中才能穿透。他们躲在几乎看不见的掩体中，避开了前期空袭，而给予进犯的海军陆战队以迎头痛击。在两个半星期的战斗中，约有1800名美国海军陆战队员与北越军队交锋恶战，争夺俯视机场的三座山丘。结果，既没有失败，也没有胜利。越南人一走了之，以图他日再战。而海军陆战队死155人，伤425人——这是迄今为止历次战役中损失最惨重的一次。北越人留给了美国人其中两座山，而第三座山——被称为881北山——美国人认为离基地太远，不易固守。

很多人似乎都在联想——威斯特摩兰本人也有同感——北越人正在计划重演他们那场决定性的奠

一架美国空军C-130赫克利斯号运输机呼啸着进入溪山，它在降落时打开一张降落伞，将补给物猛抛出去，以便再次起飞而不被击中

边府大捷。这种联想令约翰逊总统惶恐不安，他强迫威斯特摩兰作出正式承诺，保证溪山不会失守。威斯特摩兰承诺说这将是一个相反的奠边府战役，越共和北越人将在攻打这座堡垒中自取灭亡。

美国人决心巩固坚守溪山，投入了大量援军——三个海军陆战队营，在1968年初，总人数已达6680人——此时，雾、云和季雨笼罩着机场的跑道。与此同时，北越人在丛林覆盖的山丘中集结起他们的军队，数量达到两个步兵师，约20000人。

1968年1月21日晨，战役全面展开。上午5：30，越军从881北山上发射出来的炮弹、122毫米火箭弹和迫击炮弹雨点般地降落在小机场上。有一发炮弹击中了催泪弹仓库，呛人的烟雾弥漫于陆战队的碉堡间。另一发炮弹击中了一座军火库，引爆了1500吨的炸药。

作为回应，美军开始大规模空中打击。每隔三个小时，便有6架B—52轰炸机从建在太平洋关岛上的战略空军指挥部出发，从云层上方6英

里（9.6公里）处，对一片"箱子"似的丛林进行"地毯式轰炸"。每一架B—52轰炸机会投下40多枚500磅（227公斤）的炸弹。在这场战斗中，美国投在溪山附近的炸弹相当于五个投在广岛的原子弹。空袭中，战斗轰炸机每五分钟进行一次穿过低空云层的俯冲轰炸，用的是750磅、1000磅和2000磅（340公斤、454公斤和908公斤）的炸弹。喷气式飞机则在36000英尺（10972米）的高空成群飞行，等待时机来临，以进一步摧毁遍布弹坑的丛林。同时，以砂袋做防护进入基地之中的46门榴弹炮和在东边5英里（8公里）的营地中的175毫米的加农炮也加入了攻击。

重新补给

救援飞机冒着来自丛林的高射炮和火箭弹的威胁，用降落伞空投补给。由于季雨云的存在，飞机被迫在500英尺（152米）以下低空飞行，它们穿过冰雹般的机枪火力，载着食品、军火和医药呼啸而过。数以十计的记者从无处不在的贝尔UH-1休伊式直升飞机上下来，记者们急于要采访这些浑身尘垢、疲惫不堪的士兵们的战绩。陆战队员们躲在战壕中以防袭来的迫击炮弹。在夜晚，北越人偷偷爬到边界围栏边，用机枪、手榴弹和炸药包来骚扰守军。

随着时间一周接一周地过去，西方媒体等待着基地可能失守的消息。如果失守，将会引起巨大的政治和军事反响。在白宫地下室的情报室里，约翰逊总统让人做了一个溪山的桌面模型，这样他就能详细、及时地了解战地情况了。

海军陆战队员们躲避在壕沟之中。新兵很快便学会了分辨"射来"和"射出"的榴弹

溪山围攻战，1968年

1月末——正值佛教新年（越南的春节）——形势急剧恶化。在这个传统的祥和的日子里，威斯特摩兰宣布除了溪山周围之外，在其他所有的地方实行停火，心想他的敌人也会并行不悖。对他来说，不幸的是，贾普(Giap)，一个曾一度在河内以教授历史为生的军事天才，却另有打算。随着溪山围困日益加剧，贾普正在准备一次迄今为止最具毁灭性的进攻，矛头直指南越心脏地带。

后来，事情逐渐变得清晰了，北越从来也不曾打算将溪山作为另一个奠边府。贾普很清楚地了解他从前的力量和现在的弱点：1954年，他的军队在数量上超过法国人，法国人无法从空中进行补给；而现在的情形却相反，他绝不可能用一次战斗就把美国人打败。他所想要的是对美军的长久的困扰，所以围攻溪山一直是按照贾普的意图进行的，溪山并没有遭受全面进攻。尽管约200名陆战队员死在溪山，但这一损失同越南人的数千人的伤亡比起来是个小数目。高射炮、火箭炮和迫击炮不足以阻止美军的补给的到来——但足以拖住数千人的美国军队、轰炸机和运输机，迷惑美国的军事和政治领导，引起西方报纸的关注和将一切注意力从将要进行的真正的进攻中引开，进攻时间定在佛教的新年(越南的春节)。

这次进攻，很快就被称为"新年攻势"，意欲在南方激起广泛的起义。在一轮意想不到的大范围的战役中，数万名越共和北越人攻击了大量的美军和南越目标：6000名越共进入了西贡，而在1月30日，他们甚至袭击了美国大使馆，迫使埃尔斯沃思·邦克(Elsworth Bunker)大使穿着睡袍逃离了使馆。实际上，惟一的一处未受影响的地方恰恰是溪山，对那儿的攻击仍然同往日完全

一架CH-53"海马"直升机将补给送入被围困的溪山

一样。

对溪山的围攻持续了77天。代号"飞马座"的救援行动在4月实施，当时美国第一"空中骑兵"和南越一个营从南方开来，而第一海军陆战队则从东边赶来。4月6日，当多数北越人已经撤离后，"空中骑兵"突破进来结束了这场围攻。4月14日，复活节星期日发起的一次进攻将剩余的越南人从881北山赶了出去。"新年进攻"并没有像北越人原先希望的那样，越共的过激行动，暗杀了约3000名官员，引起了大众的反对。对贾普而言，也并非是一场军事胜利——他的军队损失了30000人。

但这在心理上给了美国人致命的一击。它使得美军的军事反应变得混乱，使之陷于矛盾和停滞之中。威斯特摩兰宣称"新年攻势"是为了将注意力从溪山引开而设计出来的牵制性的进攻。由于无法辨别敌友，美国人转而诉诸肆意破坏。如一位少校在攻击越南的槟知并将其化为一片废墟后所说："有必要为了挽救这个城镇，先要毁掉它。"威斯特摩兰被"踢上楼去"，成了军队的参谋长——实际上是被罢免了。对北越的轰炸暂时中止了。在美国国内，产生了分歧，而约翰逊也未获得连任。5月，和谈开始了。又花了7年时间，美国才承认失败。但在溪山战役和"新年攻势"之后，已经很少有美国人还相信这场战争还能打赢。

沙漠风暴战役，1991 年

将科威特从入侵的伊拉克人手中夺回的军事行动，是自从 1944 年诺曼底战役以来最大的军事行动。武器的优势取得了胜利，速度惊人，伤亡甚微——但远未取得完全的胜利。

1990~1991 年，伊拉克人对科威特的入侵让全世界震惊了三次。第一次震惊是入侵本身。1990 年 8 月 2 日，当地时间凌晨 2 点，伊拉克军队突然越过其南部边境，侵入科威特。对这一事件的反应与入侵一样令人震惊。伊拉克军队被第二次世界大战以来最大的联合行动赶了回来。既然伊拉克独裁者萨达姆·侯赛因断言它是"战争之母"，而西方的领导人也相信了他的话，于是接下来发生的事件——被称为"沙漠风暴"的攻击——产生了第三次震惊。

由来已久的争端

世界本不应对这次入侵感到惊讶，因为这场危机已经酝酿了若干年了。萨达姆早就想夺取科威特了。科威特原先一直由土耳其帝国和伊拉克共管，直到第一次世界大战之后奥斯曼土耳其帝国瓦解。因此，实际上科威特是西方的人为产物，没有存在较长的历史"权力"。但对萨达姆来说，激励他的与其说是科威特的历史，倒不如说是科威特每年价值 220 亿美元的石油产量。萨达姆亟须得到这样的救助，因为伊拉克与伊朗之间进行了八年战争，到 1988 年战争结束时，他的国家已濒临破产，经济衰落意味着动荡加剧。占领科威特将会给经济和政治一个大受欢迎的振兴机会。

1990 年初，萨达姆的那种不择手段、捉摸不定的特性暴露出来，他根据一起靠不住的间谍罪和揭露他计划进口一种"超级大炮"用以轰炸真正的敌人以色列的控告，将一名英国记者法扎德·巴佐夫特（Farzad Bazoft）处死。然而，西方国家只呼吁节制，因此萨达姆深信，即使发动一次侵略，顶多不过引起一些口头谴责而已。除此以外，谁也不会再干别的。他的军队——100 万人、6000 辆坦克和 600 架飞机——超过了他的邻国，而最近的有分量的美国军事力量也远在德国。7 月中旬，他开始沿科威特边境集结军队。

直到最后一刻，西方领导人都寄希望于萨达姆只是在虚张声势、炫耀武力，或者至多不过只夺取有争议的边境地区。到 8 月 2 日中午，他们渐渐明白了，一个乖戾不羁、野心勃勃、复仇心强的独裁者控制了世界上五分之一的石油。更有甚者，以这样的速度挺进，伊拉克人或许有意继续前进直接侵入沙特阿拉伯，或者将战争延伸到以色列。几个小时内，一桩地区的争端便演变成了一场全球危机。

是美国率先作出了反应，以维持其对中东石油的影响，并坚持他自己曾宣称的"自由世界"卫士的角色。在入侵的当晚，美国领导人通过讨论作出了回答，接着便敦促联合国采取行动。通过一系列的决议对伊拉克进行了谴责，并冻结了伊拉克的资产。盟国之间进行了商谈，以结成后来所称的"联盟"。有无阿拉伯国家的加入至关重要，否则，美国的介入便会看起来像是一种"老大哥"式的干预。阿拉伯人犹豫不定，但两天后，阿拉伯联盟国家以 14 票对 7 票投票表决，谴责伊拉克的入侵。在更为微妙的外交斡旋后，最终开始了直接行动。伊拉克曾一直是前苏联支持的国

萨达姆·侯赛因，这位伊拉克的独裁者，为实现其个人的意志将整个国家当成了牺牲品。即使在战败后，他仍握有权力，继续着对其破坏严重的国家的统治

沙漠风暴的指挥官施瓦茨科夫。按照一位历史学家的话说，是"自道格拉斯·麦克阿瑟之后最具戏剧性的美国军人"

沙漠风暴战役，1991年

一次对巴格达的空中打击，目的在于通过摧毁其指挥中心来消除伊拉克的防御能力

家，而对美军而言，在穆斯林世界里行动有可能招致阿拉伯人的反对。接下来的联合国的决议（661号决议）决定对伊拉克实行经济制裁，由美军"在沙特阿拉伯的请求下"负责实施。最后，11月29日，678号决议授权成员国使用"一切必要的"方法，迫使伊拉克撤军。撤军的最后期限为1991年1月15日。

萨达姆只有两种可能的选择：服从或抗拒。他选择了后者。

军队集结

与此同时，美国调整了长久以来制定的反击来自前苏联或伊朗的威胁的计划。军队的集结由 H·诺曼·施瓦茨科夫（H. Norman Schwarzkopf）将军指挥，他是一个魁梧强壮的人，喜欢将军事行动同美国的橄榄球运动相提并论。他对总统乔治·布什、国防部长迪克·切尼和参谋长联席会议主席柯林·鲍威尔将军负责。施瓦茨科夫想迅速行动，用战斗部队和战斗机来确保沙特基地，以便抢先一步，抵御可能的伊拉克人的攻击。然后真正的大部队将会到来：支援人员、武器装备以及动员起来的后备力量。然而，这一行动将会耗时数月，假如萨达姆选择进攻的话，让战斗部队暴露着，太可怕了。

沙漠风暴战役，1991年

道感染疾病。在朱拜勒，海军陆战队员在140°F（60°C）的高温下热汗淋漓地苦挨了十天，等待着离船。最后，在8月25日，第一批的15000人——连同123辆坦克，425件大炮部件以及124架飞机朝北开到了沙特－科威特边境。

还需要更多的坦克、装甲运兵车以及重型大炮。这些装备运到时，都必须配置全副武装和充足燃油，以便随时投入战斗。速度对于形成压倒性优势并在3月的酷暑到来之前结束战争至关重要，因为高温酷暑会妨碍战斗行动。按电脑计算，需要花两周时间，补给船及其所运物资才能抵达海湾。但实际上，数百名官员竭力克服后勤上的瘫痪失效，还是耗费了6~16周的时间。另外，还有其他国家的军队需要协调：35000名埃及士兵、1200名摩洛哥士兵、19000名叙利亚士兵、14000名法国士兵、11500名英国士兵及其他的来自科威特、沙特阿拉伯、阿曼和卡塔尔的军队。

到此为止，战争的目标还是遏制萨达姆。直到10月中旬，战争才进入了另一个阶段——一个有计划地将萨达姆逐出的攻势阶段。这可是一项艰险的任务，也许每个人都这么想。地面部队将面临灌满石油的壕沟、带刺的铁丝网、大炮、50万人的军队以及移动迅速的号称精英的共和国卫队的装甲编队。施瓦茨科夫的"恶梦剧本"源自美国人在越南的经历——一场血腥的消耗战。在这场战争中，化学武器将吞蚀一切抵抗。

一架F－117洛克希德隐形战斗机，它是最近参加服役的40架中的一架。这种飞机雷达探测不到，它载有2000磅（607公斤）具有极高精确度的激光制导炸弹

8月7日和8日，48架F－15C鹰式战斗机从美国起飞，飞行了16个小时后（经过6次空中加油），降落在盟军的主要基地德黑兰，该基地是在20世纪80年代在美国的帮助下建立起来的。盟军的固定翼飞机现在已达到300架，并在一个月内增加到1000多架。几乎可以肯定，正是这一因素使萨达姆放弃了进一步的推进。

继之而来的是的巨大的洛克希德C—5型和C—141B型运输机，载着第一批军队2300人，包括快速反应大队和第82空降师，以及他们的Humvees车（HMMWVs，代表高机动性、多功能的、有轮车辆——"最后审判"吉普车）和轻型坦克。与此同时，在印度洋的七艘美国战舰正朝沙特港口朱拜勒（Al Jubail）驶来。

这个集结行动很快就因遇到了复杂的、前所未有的后勤问题而被搁浅了。例如，由于伙食供应队在越战后被解散了，士兵们只能靠吃他们的MRE（快餐食品）活命，结果，引发了3000例肠

一架英国的"飓风"GR1战斗机。英国在海湾的100架飞机中，有45架是"飓风"战斗机。它们投下了超过100枚的用于轰炸跑道的JP－233炸弹，但在战斗中损失了五架

138

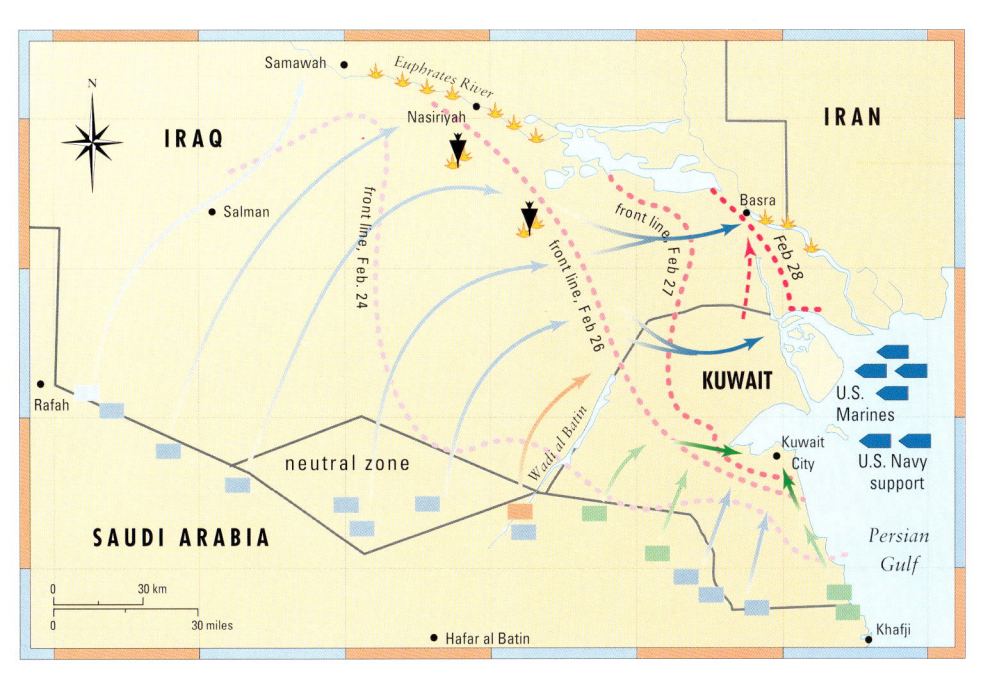

沙漠风暴战役，1991 年

沙漠风暴战役，1991 年 2 月 24 日－3 月 2 日

- 法军
- 美军
- 英军
- 阿拉伯军队
- 盟军进军路线
- 伊拉克撤退路线
- 盟军的轰炸
- 空军基地

一艘两栖攻击舰正与 U.S.S."拿骚号"(Nassau) 并肩巡弋，它们是用于支援盟军地面行动的 60 艘美国战舰中的两艘

对伤亡的预测从 10000 人到 100000 人不等。由于盟军少于对方，施瓦茨科夫只得打出他的主牌：科技优势。

然而施瓦茨科夫要了更多的军队，将地面部队的数量翻番到 400000 人。随后又调来了更多的装备。为了完成调集这些人员和装备的任务，英国和美国动用了他们在德国的基地，使用了约 100000 辆车辆。最后，冷战期间积累起来的补给物资找到了用武之地。仅军火一项——重达 40000 吨——就需要 2200 辆卡车。总算起来，从欧洲运往海湾的装备要比美国 1944 年为进入欧洲所储存的装备还要多。

11 月 10 日，施瓦茨科夫公开了他的计划，代号"沙漠风暴"。"好罢，"他对他的高级参谋说，并给他们看一幅地图，"这就是我要做的。现在你们去考虑一下这件事，回来告诉我，我该怎么去做。"他的听众屏住呼吸倾听着。他的地图上的箭头显示了一个大规模的侧翼包抄的行动，绕过伊拉克的防线，直插伊拉克，将伊拉克军队困在两个集团军所形成的钳形包围中。协同作战的约有 270000 人和 78000 辆车辆，在同一时间，只沿着两条道路行进。

"战争之母"

但地面战争将在空袭削弱了伊拉克之后才会开始。空袭在超过最后期限 24 小时后开始了。此时盟军拥有 2430 架飞机——超过伊拉克空中力量达四倍之多，并在技术上完全超过对方。以美国为例，美国拥有数架洛克希德 F—117A（"隐形轰炸机"），它能躲过雷达，并可投下 4000 磅（1814 公斤）的激光制导炸弹。一颗 F—117A，2000 磅（907 公斤）的炸弹能穿透 16 英尺（5 米）的钢筋混凝土。空中雷达能在 115 英里（184 公里）的高空发现每一辆移动的车辆。美国的武器中还包括能进入建筑目标窗户的"智能"炸弹、能将方圆四分之一英里（400 米）范围内的一切直立物炸平的重达 7 吨的"奶酪切削器"炸弹，以及能将城市街道地图编入程序中的巡航导弹。

沙漠风暴战役，1991年

所有这些都由侦察卫星定位。伊拉克将在其肢体尚未受到地面部队攻击时，先被摧毁大脑，陷入瘫痪。

1月16日，空战开始后几分钟内，隐形飞机和巡航导弹便摧毁了伊拉克的雷达，使这个国家陷入盲目之中。此后，盟军的飞机和导弹便几乎没有遇到抵抗了。BBC的约翰·辛普森(John Simpson)惊讶地看到，一枚巡航导弹沿着他的旅馆前门对面一条街道飞行，在拐角处转弯，击中了它的目标。约200枚导弹以针尖般的精确性摧毁了建筑目标。到2月中旬，36座主要桥梁中的27座已被炸垮，其中的一座——正如施瓦茨科夫在录像中向媒体显示的——仅用了一枚导弹就炸塌了。伊拉克的补给系统已不复存在，军队已沦为支离破碎、士气低落的乌合之众，他们被1624架次的地毯式轰炸所投下的25700吨炸药吓住了。有一枚"奶酪切削器"炸弹——在一次为时三天的对伊军发出的人道主义警告后投下的——爆炸产生的火球，远在100多英里(160公里)之外的朱拜勒港口都可以看得见和听得到。在科威特的

在一次地面进攻中，一名英国士兵正向前移动

4000辆伊军坦克中，有1300辆被摧毁。

伊拉克发射了86枚飞毛腿导弹，曾一度造成恐慌，因为人们担心它们可能向以色列或盟军投下化学或生物弹头。但结果证明，它们是一些不精确的武器，只不过是一个——如果说得确切点——微不足道的回应。但它们的发射本身却迫使伊拉克上空的空战延长了一个星期。最多时，一天中有200架次的飞行，试图——但未能——找出发射点并将之摧毁。

一旦空中打击使伊拉克瘫痪，地面集结就可以进行了，因为一切步骤可望保持隐密性。部队将沿着270英里(432公里)的前沿形成四个集团。转移注意力的行动使伊拉克人相信，攻击将来自海上或南面，与此同时，不管在哪里，只要能找得到重型的道路运输车辆，盟军就购买和租用——总数达到4000辆，其中许多已接近报废。护送人员和补给物资的车队很快地便将被损坏的道路本身变成了一个战争地带，沙漠上到处是丢弃的抛锚的车辆。

2月22日，布什给了萨达姆一个最后的撤军机会。萨达姆许诺说，盟军将会"跌入一个巨大的死亡的火山口"，立场仍然强硬。

美军在朝北向伊拉克边境推进的路上经过一处燃烧的油田

沙漠风暴战役，1991年

第二天，地面部队开进。几小时内，他们便发现美国情报部门犯了一个根本性的错误：在计算机上存在的敌军的师与地面上实际存在的并不吻合，这儿的敌军力量虚弱，战争消耗甚大，士气低落。在沙特－科威特边境上，推土机填在仅有数码宽的燃烧的壕沟中，坦克轻易地掠过了这些防线向科威特市进逼。在左翼，101空降师的"呼啸雄鹰"发动了迄今以来最大规模的空中机动作战，使用300架直升机在深入伊拉克境内70英里（112公里）的地方建立了一个基地。步兵和装甲炮兵在一天之内跟进，进度因伊拉克无力抵抗而加快了。即使在沙暴之中，盟军的车辆仍能继续前进，用GPS（全球定位系统）来核对它们的位置和方向。

令人忧虑的伊拉克回击一直未发生。当伊拉克的坦克进行反击时，它们很快就成了盟军装甲部队和炮兵部队的牺牲品。第24步兵团穿越了60英里（96公里）长的伊拉克边境而逼近位于幼发拉底河河谷南面的塔利尔(Talil)机场时，竟未见到过伊军一兵一卒。到2月25日，盟军已俘虏伊军25000人。力图投降的伊拉克士兵数量的增加比战斗本身更有效地减缓了进军的速度。而盟军从他们自己这边遇到的危险比从伊军遇到的危险还要多——英军总共16名士兵死亡，其中有9名成了自己人"友好火力"误杀事件的牺牲品。2月26日晚，伊拉克军队的一个有57辆T—72坦克的坦克旅，在向北逃窜的途中撞上了美国的胜利师，结果每一辆伊军坦克都被摧毁了。到2月27日晚，盟军已进驻科威特，实现了自己的目标。"战争之母"与其说是一场战争，倒不如说是一场胜利进军。

战争的最后阶段变成了大屠杀，美军飞机在巴士拉(Basra)北部的马特拉(Mutla)山岭发现了伊拉克军队，接着便将这条道路变成了媒体所称的"地狱之路"。由于地面部队封锁了他们逃跑的路线，数百名伊拉克军队士兵死亡。当飞机将他们的1000辆坦克和卡车化为燃烧的残骸时，更多的人则逃跑了。由于媒体报导披露了这一形同"射火鸡比赛"的战争惨状，公众的强烈反应成了呼吁停火的一个主要因素。2月28日，盟军停止了推进，允许700辆坦克和1400辆装甲运兵车逃离。

这就是那场"100小时战争"的结局。所有损失惨重的预测都是来源于萨达姆骗人的吹嘘。伊拉克至少损失了25000人，留下来的是废墟。盟军的全部损失为150人死亡，其中75人为美国人，28人是在一次飞毛腿导弹对德黑兰的袭击中丧生的。萨达姆的军队消失了，只留下了一件可怕的纪念物——从600多口故意点燃的油井中冒出的呛人的浓烟。（花了10个月的时间才将它们扑灭。）

从来没有一次战役如此有力地展示了伟大胜利的首要因素：大规模攻势、突然袭击和压倒性的优势。

通往巴格达的道路上散布着伊拉克车辆的残骸，后来这条路被人称为"死亡公路"

索 引

(数字表示其在正文和插图中页码)

A
Alamo 阿拉莫, 52—55
Alesia 阿莱西亚, 14—21
Alexander the Great 亚历山大大帝, 8, 10—13
Alise-Ste-Reine see Alesia 阿利斯-圣雷讷, 参见"阿莱西亚"
Allan, Corporal William 威廉·阿伦下士, 75
Antietam 安蒂特姆, 7, 56—59
Anzac Cove 澳新军团湾, 78, 79
Anzacs (Australian and New Zealand Army Corps) 澳新军团（澳大利亚和新西兰军团）, 77, 83
Armistead, Lewis 刘易斯·阿米斯特德, 67
arms and armour 武器和装甲, 8
army strengths 武装力量
Auchinleck, General Sir Claude 将军克劳德·奥金莱克爵士, 100

B
Barton, Clara 克拉拉·巴顿, 59
Bazoft, Farzad 法扎德·巴佐夫特, 136
Bidder, Major H., H·比德少校, 80
Bloody Gorge 血腥乔治, 118
Blucher, Gebhard von 格布哈特·冯·布吕克, 42, 49
Bormann, Martin 马丁·博尔曼, 127
Bowie, James 詹姆斯·鲍伊, 52, 54, 55
Bradley, General 布莱德雷将军, 115
Braun, Eva 爱娃·布劳恩, 124, 126, 127
Bromhead, lieutenant Gonville 冈维尔·布罗姆黑德中尉, 72, 74, 75
Bunker, Elsworth 埃尔斯沃思·邦克, 135
Burnside's Bridge 伯恩塞德桥, 57, 58—59
Byng, General Sir Julian 朱利安·宾勋爵, 84, 89
Byzantium see Constantinople 拜占庭, 参见"君士坦丁堡"

C
Cambrai 康布雷, 84—91
Cape Helles 海伦斯角, 79
casualties 伤亡人员

Celts see Alesia 居尔特人, 参见"阿莱西亚"
Cemetery Ridge 公墓山脊, 60, 64, 67
Cetewayo 塞特韦约, 68, 75
Chamberlain, Colonel Lawrence 劳伦斯·张伯伦上校, 64, 66
Chard, Lt. John Rouse Merriott 约翰·劳斯·梅里奥特·查德中尉, 68, 72, 75
Charles I of England 英国查理一世, 38, 41
Chelmsford, Lieutenant-General Lord 中将切姆斯福勋爵, 74—75
Chuikov, General Vasily 瓦西里·崔可夫将军, 105
Churchill, Winston 温斯顿·邱吉尔, 76, 84, 91, 120
Civil War, American see Antietam, Gettysburg 美国南北战争, 参见"安蒂特姆"、"葛底斯堡"
Civil War, English see Naseby 英国内战, 参见"内斯比"
Coalition see Desert Storm and see Allies 盟军, 参见"沙漠风暴"
commemoration 纪念物, 8—9
Constantine XI 康斯坦丁十一世, 27, 30
Constantinople 君士坦丁堡, 8, 9, 26—33
Crockett, David 戴维·克罗克特, 52, 54, 55
Cromwell, Oliver 奥利弗·克伦威尔, 38, 41
Culp's Hill 卡尔普山, 60, 64

D
Dalton, Acting Commissariat James 执行军需官詹姆斯·多尔顿, 75
Darius 大流士, 10—12, 13
defences 防御
Delville Wood 德尔维尔·伍德, 83
Desert Fox see Rommel 沙漠之狐, 参见"隆美尔"
Desert Storm 沙漠风暴, 8, 136—141
Devil's Gardens 魔鬼花园, 101
Dickinson, Mrs 迪金森夫人, 55
Dien Bien Phu 奠边府, 128
Diggers 澳新人, 79

Dionysus 狄俄尼索斯, 13

E
Eisenhower, General Dwight D., 艾森豪威尔将军, 108, 120, 124
El Alamein 埃及阿莱曼, 100—103
Ewart, Sergeant Charles 查尔斯·尤特中士, 48, 49

F
Fairfax, Thomas 托马斯·费尔法克斯, 38, 41
Flesquieres 弗莱斯奎西雷斯, 89, 91
Fontaine-Nitre Dame 枫丹·圣母玛利亚村, 91
fortifications 防御工事
Fuchida, Lt. Commander Mitsuo 光雄滕千田副司令, 96, 97

G
Gallipoli 加利波利, 76—79
Gaugamela 高加米拉, 8, 10—13
Gaul see Alesia 高卢, 参见"阿莱西亚"
Gergovia 格戈维亚, 14
Gerrish, Theodore 西奥多·格里什, 64
Gettysburg 葛底斯堡, 7, 8, 9, 60—67
Gettysburg Address 葛底斯堡演说, 67
Giap, Vo Nguyen 武元甲, 128, 135
Giustiniani Longo, Giovanni 乔万尼·朱斯蒂尼亚尼·朗哥, 31, 33
Goebbels, Josef 约瑟夫·戈培尔, 126, 127
Goering, Hermann 赫尔曼·戈林, 126
Granicus, Battle of 格拉尼库斯战役, 10
Greek Fire 希腊之火, 33

H
Haig, Sir Douglas 道格拉斯·黑格爵士, 81, 83, 89
Hamilton, Sir Ian 伊恩·汉密尔顿勋爵, 76, 77, 79
Harold Godwinson (Harold II of England) 戈德温森·哈罗德（英国哈罗德二世）, 22—5
Haper's Ferry 哈珀渡口, 56, 57
Hastings 黑斯廷斯, 22—25

High Wood 海伊·伍德, 83
Highway to Hell 地狱之路, 141
Hindenburg Line 兴登堡防线, 89
Hitch, Private Frederick 列兵弗雷德里克·希契, 75
Hitler, Adolf 希特勒, 99, 107, 124, 126, 127
Ho Chi Minh Trail 胡志明小道, 133
Hook, Private Henry 列兵亨利·胡克, 75
Hougoumont 霍古芒特, 45, 47
Hundred Hours War 100小时战争, 141
Hussein Saddam 萨达姆·侯赛因, 136, 140—141

I
Isandlwana, Battle of 伊桑德尔瓦纳战役, 68, 72
Issus, Battle of 伊苏斯战役, 10, 13
Iwo Jima 硫黄岛, 116—119

J
Jackson, Stonewall 斯通沃尔·杰克逊, 56, 57
Joffre, Joseph 约瑟夫·若弗尔, 80
Johnson, Lyndon 林登·约翰逊, 132, 135
Jones, Private Robert 列兵罗伯特·琼斯, 75
Jones, Private William 列兵威廉·琼斯, 75
Julius Caesar 尤利乌斯·恺撒, 14, 18—21

K
kaMpande, Prince Dabulamanzi 达布拉曼齐·坎潘德王子, 72
Katsuyori, Takeda 武田胜赖, 36—7, 37
Khe Sanh 溪山, 128—135
Kidney Ridge 肾脊, 103
Kimmel, Admiral Husband E., 海军上将赫斯本德·E·金梅尔, 92, 96, 97—98
Koniev, Ivan 伊凡·科涅夫, 126
Kuribayashi, General Tadamichi 多田道元，栗林将军, 116, 119

L

La Haye-Sainte 拉艾·塞恩特, 47, 50
Lee, General Robert E., 罗伯特·E·李将军, 7, 8, 56-59, 60, 64
'Lightfoot' "捷足", 102
Lincoln, Abraham 亚伯拉罕·林肯, 56, 67
Little Round Top "小圆顶", 60, 64
Lowery, Sergeant Louis 路易斯·洛厄里中士, 118

M

McClellan, George B., 乔治·B·麦克莱伦, 56-59
Makins, Geoffrey 杰弗里·梅金斯, 83
Meade, Major General George 乔治·米德少将, 60, 64
Meatgrinder Hill 绞肉山, 118
Mediterranean Expeditionary Force (MEF) 地中海远征军 (MEF), 77-79
Mehmet II 穆罕默德二世, 26, 30-33
Mont-Auxois see Alesia 奥克索伊斯山口, 参见 "阿莱西亚"
Montgomery, General Bernard (Monty) 蒙哥马利将军 (蒙蒂), 100, 103, 120
Mount Suribachi 折钵山, 117
Murphy, Commander Vincent 指挥官文森特·墨菲, 97-98
Mustafa Kemal (Kemal Ataturk) 穆斯塔法·基马尔 (基马尔·阿塔特克), 76, 77

N

Nagashino 长筱, 34-37
napalm 燃烧弹, 116
Napoleon Bonaparte 拿破仑, 6, 42, 51
Naseby 内斯比, 38-41
Ney, Marshal Michel 米歇尔·奈伊元帅, 49, 50
Nobunaga, Oda 织田信长, 35-37

O

Okehazama, Battle of 桶狭间战役, 36
'Old Glory', raising of 竖起的 "美国国旗", 118, 119
Omaha 奥马哈, 108-115
Ottoman Turks 土耳其奥斯曼人, 27, 33
Outerbridge, Lt. William 海军上尉威廉·奥特布里奇, 92
'Overlord' "霸王", 108

P

Paulus, General Friedrich von 弗里德里希·冯·保罗斯将军, 104-107
Pearl Harbor 珍珠港, 92-99
'Pegasus' "飞马座", 135
Philip of Macedon 马其顿国王腓力, 10
Pickett, Major General George E., 皮基特将军, 7, 67
Pickett's Charge "皮基特冲锋", 7, 63, 66, 67
Poziares Ridge 波济耶尔山脊, 80, 83

Q

Quatre-Bras 卡特勒布拉, 42, 51

R

Rawlinson, Sir Henry 亨利·罗林森爵士, 83
Reynolds, Surgeon Major James 军医詹姆斯·雷诺兹少校, 75
Rokossovsky, Konstantin 康斯坦丁·罗科索夫斯基, 126
Roman Empire see Alesia, Constantinople 罗马帝国, 参见 "阿莱西亚", "君士坦丁堡"
Rommel, General Erwin (Desert Fox) 欧文·隆美尔将军 (沙漠之狐), 100, 101, 102-103
Roosevelt, President Franklin 罗斯福总统, 92, 124
Rorke's Drift 罗克浅滩, 68-75
Rosenthal, Joe 乔·罗森塔尔, 118
Rundstedt, Field Marshal Karl Rudolf Gerd von 陆军元帅龙德施泰特, 108
Rupert, Prince 鲁珀特亲王, 38-41

S

Sadamasa, Okudaira 奥平贞正, 36
Samuel, Captain George 乔治·塞缪尔上尉, 89, 90
San Jacinto, Battle of 圣哈辛托战役, 55
Santa Anna, Antonio de 圣安纳, 52, 55
Scheiss, Friedrich 弗雷德里克·希斯, 75
Schmidt, Maj-Gen Harry 哈里·施米特少将, 117
Schrier, Lt. Harold 哈罗德·施里欧中尉, 118
Schwarzkopf, General H. Norman 施瓦茨科夫将军, 136-139
Shaw, Corporal W., W·肖下士, 82
Short, Lt. General Walter 沃尔特·肖特中将, 97
sieges 围攻战, 8
Siegfried Line 齐格弗里德防线, 89
Smith, Lt. General Holland M. ('Howling Mad') 陆军中将霍兰·M·史密斯 ("疯狂怒吼"的史密斯), 116
Somme 索姆河, 80-83
Stalin, Joseph 约瑟夫·斯大林, 104, 120
Stalingrad 斯大林格勒, 104-107

Steiner, General Felix 菲利克斯·斯坦纳将军, 126
Stuart. J. E. B., J·E·B·斯图尔特, 66
Stumme, Lt. General Georg 陆军中将乔治·斯顿, 102
'Supercharge' "超级冲锋", 103
Suvla Bay 苏夫拉湾, 79
Swinton, Colonel Ernest 欧内斯特·斯温顿陆军上校, 84

T

tactics 战术, 6-7, 56
Taylor, Colonel George 乔治·泰勒上校, 115
Tet offensive "新年攻势", 134-135
Travis, Colonel William 威廉·特拉维斯上校, 52-55

U

Ulundi 乌伦迪, 75
Utah beach 犹他海滩, 108

V

Vercingetorix 韦辛格托里克斯, 14, 18-21
Victoria Cross 维多利亚十字勋章, 75

W

Waterloo 滑铁卢, 6, 8, 42-51
Wellington, Duke of 威灵顿公爵, 7, 42, 51
Westmoreland, General William 威廉·威斯特摩兰将军, 133, 135
William of Normandy (william I of England) 诺曼底的威廉 (英格兰的威廉一世), 22-25
Williams, Private John 列兵约翰·威廉斯, 75
World War II see Berlin, El Alamein Iwo 第一次世界大战, 参见 "康布雷", "加利波利", "索姆河"
Jima, Omaha, Pearl Harbor, Stalingrad 第二次世界大战, 参见 "埃及阿拉曼", "硫黄岛", "奥马哈", "珍珠港", "斯大林格勒"

Y

Yalta Conference 雅尔塔会议, 120
Yamamoto, Admiral Isoroku 海军上将山本五十六, 92

Z

Zhukov, Marshal Georgi 朱可夫元帅, 104, 105, 120, 126
Zulus 祖鲁人, 68, 72-75

致 谢

注：a 表示"上图"；b 表示"下图"；r 表示"右图"；l 表示"左图"

AA Photo Library 71

ACE Photo Library 95ar

AKG London 11, 19, 23, 25, 76a, 88b, 90al, 100ar, 104al, 106ar, 118al, 134, 137a,

ET Archive 14r, 19r, 20al, 33, 38ar, 75, 76al, 77, 78b, 79ar, 82b, 83a, 91a, 101br, 102br, 103, 105, 113b, 114, 119ar, 127b, 128l, 132b, 135

Ewing Galloway 98, 99al, 112br,

Glen Foard 40l

William B Folsom 59l

French Picture Library 86,

Voller Ernst/Komische Fotos 120, 125, 126bl,

Dave G. Houser 115ar

Image Select 21b, 54a, 59, 80, 84a, 112al

Anthony J Lambert Picture Library 29

Military Archive and Research Services 22l, 73ar (National Army Museum), 92, 117b (US Navy), 133a, 139 (US Marine Corps)

Erwin 'Bud' Nelson 5

Peter Newark's Pictures 8, 10l, 10r, 13b, 14a, 26l, 26r, 30l, 31r, 32, 34l, 35, 35, 36br, 37br, 38al, 39, 41, 52, 53, 54b, 56, 57, 58ar, 68al, 69al, 72al, 73bl, 74al, 84al, 87a, 89, 90, 92al, 96, 99ar, 101ar, 102bl, 104ar, 108al, 104ar, 108al, 108ar, 119al, 131a

Pictor International 55

Rex Features 136al, 136ar, 138a, 138b, 140b, 141

Russia and Republics Photo Library 107ar

James P. Rowan 6